JN412372

이유식 전쟁에 지친 엄마들을 위한 BLW 이유식 비법

하유 아빠의

아이주도 이유식

박현규 지음

로지

CHAPTER 03

아이주도 이유식(BLW) 시작 전 이유식

CHAPTER 04

아이주도 이유식(BLW)

CHAPTER 05

하유가 좋아하는 아이주도 이유식(BLW) 레시피

CHAPTER 06

하유 아빠의 육아 꿀팁

일러두기

1

아이주도 이유식(BLW)을 시작하더라도 모유와 분유는 굉장히 중요합니다.

2

기존에 알고 계시던 이유식 방법인 초기, 중기, 후기, 완료기로
나누는 방법은 사실 큰 의미가 없습니다.

3

아이의 영양을 위해서는 모유나 분유가 빠져서는 안됩니다.
모유 혹은 분유에서 얻지 못하는 영양은 이유식으로 섭취하지만
모든 영양을 충족시킬 순 없습니다.
단지, 고형식을 먹기위한 준비 과정이라고 생각해주세요.

4

이 책에서 소개하는 아이주도 이유식(BLW)은 아이마다 시작하는 시기가
다르지만 보통 6개월부터 시작하시길 권장합니다.

5

아이주도 이유식(BLW)의 핵심은 아이 스스로 음식을
먹는다는 것에 있습니다.

6

일반 이유식에서도 엄마의 인내심이 필요하지만,
아이주도 이유식(BLW)의 경우도 엄마의 인내심이 필요합니다.
아이가 아이주도 이유식(BLW)을 할 때에도 마찬가지로
인내심을 갖고 지켜봐주세요.

7

아이주도 이유식의 경우 모유 수유의 중단 또한 아이가 결정합니다.
모유 수유를 언제 멈춰야 할지 고민하지 마세요.

8

이 책에 등장하는 아이주도 이유식(BLW) 방법은 수많은 자료를
검토해본 후 하유에게 직접 시도 했던 내용입니다.
일반적인 이유식과는 차이가 있으며, 여러분이 알고 있는
아이주도 이유식(BLW)과도 조금 차이가 있을 수 있습니다.

프롤로그 1

저는 레스토랑을 운영하고 주방을 책임졌던 오너 셰프입니다. 아내와는 대학원에서 와인을 공부하면서 만나 결혼까지 하게 되었어요. 그냥 둘 다 먹는 거 좋아하는 먹방 부부입니다. 결혼하고 몇 달 지나 장모님이 아이는 계획해서 가져야 한다며 아내를 데리고 정밀 검사를 받으러 병원에 갔는데, 아내는 난임 판정을 받았습니다. 의사 선생님 말씀이 아직도 귓가에 생생하네요. 자궁 내외에 혹이 있어 제거하는 수술도 해야 하고, 다낭성 난포증이라 당장은 임신이 어렵지만 아직 젊으니까 3년 정도 준비해보고 안 되면 시험관도 있으니 너무 걱정하지 말라는 말씀을 하셨어요. 하지만 어떻게 걱정을 안 할 수가 있겠어요. 그때부터 식단 조절과 운동을 하며 아이를 갖기 위해 함께 노력하던 중 기적같이 우리 부부에게 아이가 와주었습니다.

저희 집 아이 이름은 하유입니다. 클 하嘏에 생각할 유惟, 큰 생각을 하는 아이로 자랐으면 하는 마음에 제가 지어준 이름입니다. 기적처럼 우리에게 찾아온 아이라 그런지, 저에게는 너무나 애틋합니다. 많은 것을 해주고 싶은 마음으로 제가 이유식을 만들겠다고 아내에게 공표했습니다. 지금 생각해보면 스스로 제 무덤을 팠던 거죠. 이유식이 이렇게 힘든 줄은 상상도 못했습니다.

그런데 아내에게 이유식을 맡기기에는 정말 요리를 못합니다. 아내의 요리 레시피는 가히 충격적이었죠. 아내는 세상에 없는 맛을 창조하는 미지의 능력을 가지고 있습니다. 알고 싶지 않은 그런 우주의 맛이랄까요. 예를 들면, 라면을 스프, 면, 찬물을 동시에 넣고 불을 올립니다. 거기에 라면 물은 늘 한강처럼 많습니다. 하유를 위해서라면 이유식은 제가 꼭 해야만 하는 상황이었죠.

그래서 이 책은 기본적으로 요리를 못하는 아내도 책을 보며 따라 만들 수 있게 레시피를 정말 쉽게 만들었습니다. 한 장 한 장 넘기며 천천히 따라 하다 보면 어느 순간 이유식에 자신감이 생길 겁니다. 나중에는 책이 없어도 혼자 뚝딱 이유식을 만들 수 있도록 기본 조리법부터 응용 방법까지 체계적으로 이유식 레시피를 담고 있습니다. 기존의 이유식 책처럼 가짓수를 늘리기 위한 레시피의 나열이 아니라 아이가 좋아하는 알짜 레시피를 기본으로 집에 있는 재료들을 다양하게 응용할 수 있는 방법을 소개합니다.

이유식을 만드는 게 쉬운 일이 아니라는 걸 알기에 이 책이 많은 엄마 아빠들에게 도움이 되었으면 합니다. 한 가지 주의할 점은 이 책은 기존에 알고 있는 죽을 먹이는 이유식이 아닌 BLW(Baby-Led Weaning)라는 아이주도 이유식 방법을 소개합니다. 생소할 수도 있겠지만, 책을 끝까지 읽고 나면 이유식을 어떤 방법으로 만들어야 할지 머릿속에 큰 그림이 그려질 거라 믿습니다.

BLW란, 직역하면 아이주도 이유식으로 기존의 숟가락으로 떠먹이는 이유식이 아니라 아이 스스로 손을 이용해서 먹을 수 있도록 식재료와 환경을 제공하는 것을 말합니다. 아이주도 이유식을 하다 보면 손을 쓰는 능력은 물론, 씹는 기술도 다른 아이에 비해 빠르게 발달하면서 마법과 같은 일이 일어납니다. 아이에게 밥을 먹이기 위해 숟가락을 들고 쫓아다닐 필요가 없어지고, 스스로 혼자 밥을 잘 먹는 아이를 만날 수 있게 됩니다.

저 역시 매일매일 이유식을 만드는 게 많이 힘들었지만, 그래도 두근두근 설렜던 기억도 많습니다. 하유가 잘 먹을까? 기대 가득 만들어줬을 때 잘 먹으면 그처럼 행복한 일도 없었습니다. 가장 기억에 남는 이유식은 제가 좋아하는 아보카도와 바나나를 으깨 만든 것입니다. 너무 잘 먹어서 신기하기도 하고 앞으로 맛있는 거 많이 만들어줘야지 하는 마음이 강하게 생겼습니다.

많은 엄마 아빠들이 이유식을 어렵고 힘든 과정이라고 생각합니다. 저 역시 마찬가지였습니다. 하지만 아이주도 이유식(BLW)을 통해 아이와 함께 음식을 가지고 탐색하고 맛보다 보면 이유식을 즐길 수 있는 시간이 될 것입니다. 이 책을 보며 이유식을 만들고 있을 많은 엄마 아빠들을 응원합니다.

프롤로그 2

이유식을 공부하며

저는 꽤 오랜 시간 동안 요리를 했습니다. 처음 요리를 배우기 시작해서 자격증을 취득한 게 고등학생 때니 벌써 햇수로 14년이나 됩니다. 한식 스타 셰프, 음식평론가협회, 국제 소믈리에 협회에서도 활동하며 WASC 세계조리사대회 본선 파이널 진출, 3년 연속 전통주 소믈리에 국가대표를 했으며 저희 가게는 오픈한 지 6개월 만에 전국 맛집 톱 1000위, 경북 맛집 톱 20위 안에 들었습니다. 그리고 지금은 대학에서 학생들을 가르치고 있습니다.

나름 외식업에 오랫동안 종사하며 많은 요리를 접해보고 만들어봤다고 자부하지만, 사실 저도 이유식은 처음이었습니다. 하지만 하유에게 맛있는 이유식을 만들어 주고 싶다는 생각에 국내는 물론 해외 서적을 비롯해 이유식 관련 논문이란 논문은 모조리 찾아가며 공부를 시작했습니다.

지금까지는 얼렁뚱땅 엉터리 초보 아빠였지만 이유식을 시작하면서 '엄마 찌찌보다 아빠를 먼저 찾는 마성의 매력적인 아빠가 되겠지?'라고 혼자 흐뭇해하며 공부하고 있는데 아내가 부르네요.

"컴퓨터 그만하고 기저귀 좀 갈아줘."

"응… 지금 가요."

CHAPTER 01

이유식을 시작하며

이유식은 이유기의 유아에게 먹이는 젖 이외의 음식을 말합니다. 젖이나 젖병을 떼기 위한 과정으로, 아이가 음식을 잘 먹을 수 있게 연습하는 과정입니다. 이 책은 이유식을 시작하기 전에 엄마들이 꼭 알아야 할 방법과 함께 기존의 이유식과는 다른 아이주도 이유식(BLW)에 대해 소개합니다. 이유식을 시작하기에 앞서 가장 중요한 것은 잘 씹고, 잘 먹기 위한 연습 과정이라는 점을 기억해주세요.

계량스푼, 계량컵, 저울이 있으면 좋겠지만
집에 있는 티스푼, 밥숟가락, 종이컵으로도
충분히 맛있는 요리를 만들 수 있어요.

1

이 책 100% 활용하기

1 ◇◇◇ 하유 아빠의 계량법

이 책에 나온 모든 요리의 계량은 1작은술(5ml), 1큰술(15ml,) 1컵(180ml)을 기준으로 만듭니다. 계량스푼, 계량컵, 저울이 있으면 좋겠지만 굳이 필요하지 않습니다. 집에 있는 티스푼(5ml), 밥숟가락(15ml), 종이컵(180ml)으로도 충분히 맛있는 요리를 만들 수 있으니까요.

2 ◇◇◇ 책 속 레시피 내용

이 책은 빠르면 4~5개월부터 12개월 전후의 아이가 먹을 수 있는 요리를 담았습니다. 그래서 모든 레시피에 간을 하지 않습니다. 간을 하게 되면 식재료 고유의 맛을 느낄 수 없을 뿐만 아니라, 간을 빨리 접한 아이들은 점점 더 강한 맛을 찾게 됩니다. 또 아이의 신장 기능이 아직은 미숙해서 나트륨 배출에 어려움이 있으니 가능한 한 간은 하지 말아주세요.

3 ◇◇◇ 기존의 이유식 책과 다른점

이 책은 기존의 이유식 책과 다른 점이 많습니다. 다들 알고 있는 죽을 먹이는 이유식 방법이 아닌 아이주도 이유식(BLW)이라는 이유식 방법을 소개합니다. 생소할 수 있겠지만 책을 끝까지 한 장 한 장 보게 되면 우리 아이에게 어떤 식재료를 이용해 이유식을 어떻게 만들어야 할지 머릿속에 그림이 그려질 겁니다. 그리고 천천히 따라 만들어보고 조금씩 아이의 입맛과 기호에 따라 응용해보면 나중에는 저보다 훨씬 맛있는 레시피를 보유하게 될 겁니다.

4 ◇◇◇ 책에 소개된 아이주도 이유식(BLW) 활용법

이 책은 100% 아이주도 이유식(BLW) 방법으로 이유식의 진행을 권유하지는 않습니다. 기존의 이유식 방법과 아이주도 이유식(BLW)을 70% 혹은 50%, 30%를 병행할지 안 할지 결정하는 건 결국 엄마와 아빠의 몫이니까요. 하지만 저는 하유를 키우면서 아이주도 이유식(BLW)의 단점보다 장점이 많다는 걸 알게 되었고, 국내 정서를 조금만 반영하면 정말 바람직한 이유식 방법이라 생각했습니다. 그래서 적어도 30% 이상은 이 책을 응용하여 많은 분들이 아이랑 함께하는 식사 시간을 가졌으면 합니다. 그러면 적어도 숟가락을 들고 아이를 따라다니며 "한 숟가락만 더, 한 숟가락만 더."를 외치지 않아도 되니까요.

2

이유식이란?

우리나라에서는 1920년대까지는 이유식을 전혀 하지 않았다고 합니다. 모유가 1년 동안 충분한 영양소를 공급한다고 믿었기 때문입니다. 그러다 처음 등장한 이유식은 1950년대 구루병 예방을 위한 대구간유, 괴혈병 예방을 위한 오렌지 주스였다고 합니다. 시간이 지나면서 이유식에 대한 우리나라 사람들의 인식에 긍정적인 변화가 일어났으며, 1960~70년대에는 생후 2~3주 또는 그 이전에 곡류 이유식을 시작하는 게 일반적이었습니다. 산모들의 영양 상태로 인해 이유식을 일찍 시작하지 않았을까요?

그렇다면 지금 우리가 알고 있는 이유식은 언제부터일까요? 1980년대 와서야 시작되었다고 봐도 무방합니다. 그때부터 생후 6개월쯤으로 시기가 늦춰지고 채소와 과일이 이유식에 추가되었기 때문이죠. 즉 이유식의 역사는 굉장히 짧습니다. 그렇다면 이유식은 왜 해야 할까요?

이유식은 이유기離乳期의 유아에게 먹이는 젖 이외의 음식을 말합니다. 젖이나 젖병을 떼기 위한 과정으로, 아이가 앞으로 음식을 잘 먹을 수 있게 미리 연습하는 것으로 생각하면 접근이 쉬울 듯합니다. 이유식은 짧은 역사만큼이나 시기에 대한 의견이 여전히 분분하지만, 최근에 나온 많은 연구 결과를 살펴보면 생후 4~6개월에 시작할 것을 권장하고 있습니다.

이유식을 너무 일찍 시작하면 비만, 아토피, 알레르기 질환에 대한 위험성이 증가하며, 너무 늦게 시작해도 성장 발달에 문제가 생기거나 철분의 부족, 구강 운동의 늦어짐 등 다양한 문제가 나타날 수 있다고 합니다. 세계보건기구WHO,

국제아동기구UNUCEF에서 발표한 이유식 시기는 체중이 출생 때의 두 배가 되었을 때 모유를 먹는 아이는 1일 수유 횟수 8회, 수유 간격 3시간 정도입니다. 분유를 먹는 아이는 1일 섭취량이 1000ml가 넘으면 시작해도 좋다고 합니다. 대한소아과학회에서는 아이가 부모의 수저를 유심히 바라보고 먹는 모습을 보면서 입을 오물거리거나 무엇이든 입으로 가져가는 생후 4~6개월경으로, 체중이 6~7kg이 되면 이유식 시작을 권장합니다.

통상적으로 분유를 먹는 아기들은 만 4~5개월, 모유를 먹는 아기들은 만 6개월 이후에 시작하는 경향이 크지만, 아기의 건강과 발달 상태가 모두 다르기 때문에 여러 가지 상황을 고려할 필요가 있습니다. 아이의 상황에 따라 빠르면 4개월부터, 늦어도 6개월부터는 시작해주세요.

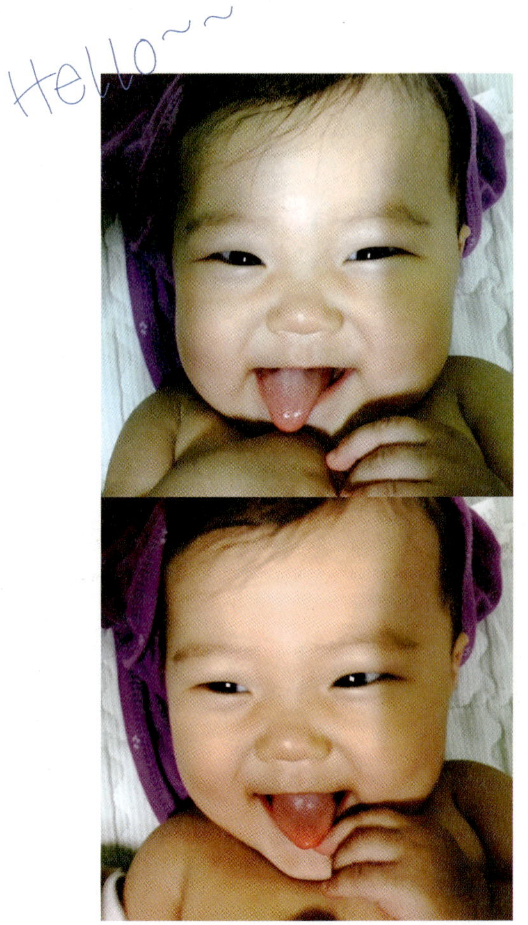
Hello~~

3

이유식에 대한 하유 아빠의 생각

제가 생각하는 이유식은 아이의 상태도 우선적으로 고려해야 하지만, 엄마 아빠의 식습관 역시 고려해야 합니다. 아이의 이유식을 만들고 남은 식재료는 결국 엄마 아빠가 소비해야 하니까요. 그래서 저는 식재료를 선택할 때 우선적으로 아내와 제가 좋아하는 식재료를 아이가 먹을 수 있는지부터 생각합니다.

소고기를 보면서 아내가 말합니다.

"루콜라 안심 샐러드 먹고 싶다."

그러면 저는 소고기 안심과 루콜라도 함께 구매합니다. 그날 하유의 이유식은 다진 루콜라를 곁들인 안심이 되고, 저희 부부의 저녁은 루콜라 안심 샐러드가 되는 거죠. 저는 하유도 아내도 모두 즐거운 식사 시간이 되었으면 합니다. 하유는 아직 어리니까 조금 더 으깬 형태나 간을 덜한 이유식을 섭취하지만, 결국 같은 공간에서 같은 음식을 함께 먹으며 유대감을 쌓아가는 거죠. 조금 크면 식사 시간에 함께 이야기를 나누며 같은 음식을 맛있게 먹을 수 있는 상상도 하면서요.

그런 부분에 있어 영국과 미국에서 인기를 끌고 있는 이유식 방법인 아이주도 이유식(BLW)은 저에게 큰 의미로 다가왔습니다. 아이주도 이유식이란, 아기 스스로 손으로 집어 먹을 수 있는 음식을 이유식 초기부터 제공하는 방법입니다. 스스로 만져보고 냄새도 맡아보고 탐색 과정을 거친 다음 아이 스스로 음식을 입으로 가져가서 먹는 거죠. 그런 부분에 있어 기존의 이유식 방법과 많이 다릅니다. 하지만 식사할 때 부모와 아이가 함께 식사를 할 수 있는 유일

한 방법이죠.

아이 스스로 먹을 수 있도록 기회를 주는 것이야말로 아이에게 작은 행복을 주는 거라고 생각합니다. 그렇게 생각하게 된 이유 중 하나가, 하유는 식사 시간을 가장 좋아합니다. 의자에 앉히면 신나서 박수를 치고 팔을 움직이며 춤을 춥니다. 음식을 탐색하고 만지고 으깨고 먹고 던지고 나눠 먹는 식사 시간이 정말 재미있으니까요.

하지만 익히 알려진 아이주도 이유식(BLW)은 사실 국내 정서에는 맞지 않은 부분이 있습니다. 그중 가장 큰 부분은 한식과 양식의 차이에서 오는 메뉴의 부재입니다. 많은 엄마들이 아이주도 이유식(BLW)을 하다 메뉴에서 한계를 느끼고 포기하는 경향이 많습니다. 그 이유는 양식과 달리 한식은 주식과 부식의 구별이 뚜렷하다는 특징 때문입니다. 그러다 보니 하유의 할아버지만 보더라도, 고기와 채소를 많이 먹었어도 절대 식사를 했다고 생각하지 않아요. 꼭 밥을 먹어야 하죠. 그런 식문화의 차이가 이유식을 할 때도 드러납니다. 아이에게 채소와 고기를 먹였어도 밥을 안 먹였기 때문에 '제대로 하고 있는 건가?'라는 조급한 마음이 생깁니다. 그래서 국내 이유식이 대부분 쌀을 기본으로 한 죽 이유식이 아닌가라는 생각을 합니다.

물론 곡류는 알레르기 반응이 적은 편이라 이유식 형태로 만들었을 때 가장 좋다는 건 변함없는 사실입니다. 하지만 저는 죽의 형태보다 더 내추럴한 식재료를 먹이고 싶은 마음이 강했습니다. 분명 탄수화물도 중요한 영양소지만 모유나 분유를 먹고 있는 시기에 굳이 매일 주식으로 탄수화물을 섭취해야 한다고 생각하지 않습니다. 만약 탄수화물이 필요하다면 감자나 고구마 등 대체 식품도 얼마든지 많으니까요.

탄수화물이 지나치게 강화된 식단보다는 균형 잡힌 식단을 만들고 싶은 욕심도 강했습니다. 한국을 벗어나 조금만 눈을 돌려도 주식이 꼭 쌀이어야 할 필요는 없으니까요. 가장 중요한 건, 이유식을 하는 동안은 주된 영양 공급원이

어디까지나 모유 혹은 분유라는 점입니다. 절대 이유식이 아닙니다. 물론 결핍될 수 있는 영양소에 대해서는 이유식으로 보충해야 합니다. 하지만 이유식은 어디까지나 잘 씹고 잘 먹기 위한 연습 과정이라는 점을 꼭 기억해주세요.

그렇다면 어디에 중점을 둬야 할까요? 당연히 다양한 식감과 질감의 음식을 스스로 먹을 수 있도록 연습할 수 있는 기회를 제공하는 것이 아닐까요.

4

철분과 비타민D 부족

앞서 잠깐 언급했지만 많은 엄마와 아빠가 가장 걱정하고 우려하는 부분은 아무래도 영양일 겁니다. 세계보건기구에서는 6개월까지는 모유만 먹이는 것을 권장하지만, 일부에서는 미량의 영양소가 결핍될 수 있어 이유식을 조금 더 일찍 시작해야 한다는 의견도 제기합니다. 미국소아과학회 역시 같은 입장이며, 그중에서 비타민D와 철분 보충을 권장하고 있습니다.

철분은 출생 시 저장량이 매우 중요하다고 합니다. 정상적인 만삭아의 경우, 간에 저장된 철분이 충분하여 모유만 먹어도 6~8개월까지는 빈혈이 거의 없다고 합니다. 하지만 미숙아나 저출생체중아는 철분 저장량이 빨리 없어질 수 있어 철분 섭취에 주의를 기울여야 한다고 합니다. 즉 이유식은 모유에서 얻기 힘든 비타민D와 철분 보충에도 힘써야 한다는 말입니다. 그래서 철분과 비타민D의 섭취를 위한 몇 가지 팁을 알려드릴까 합니다.

◇◇◇ 철분은?

철분은 동물성과 식물성이 있는데 동물성이 흡수력이 높아 식물성보다 유용합니다. 그래서 동물성 철분이 많은 소고기를 추천합니다. 철분 흡수를 높이는 방법으로는 비타민C를 함께 먹으면 좋다고 합니다. 하유는 철분 보충을 위해 소고기와 과일을 함께 먹이고 있어요.

◇◇◇ 비타민D는?

비타민D의 섭취는 상당히 어려운 부분이 많습니다. 하유는 산책을 자주 즐기는 편이지만 요즘은 대기오염, 미세먼지, 황사, 자외선 등 아이를 무방비로 외부에 노출시키는 게 이만저만 신경 쓰이는 게 아닙니다. 그러다 보니 외출해서 햇빛을 쬘 수 있는 시간이 자연스럽게 줄어듭니다. 하유도 처음에는 자연의 힘으로 비타민D를 섭취해보자! 하는 생각에 산책을 통해 햇빛을 쬐다가 점점 검게 타는 피부에 흠칫했지만, 겨울에는 그마저도 추워서 안 되겠더라고요. 그래서 비타민D 영양제를 먹이게 되었습니다.

5
영양제 이야기

아내가 말했습니다.

"이유식을 제대로 못 먹이면 영양제로 대체하면 되는 거 아니야?"

비타민D는 앞서 언급했듯 섭취가 어려울 경우 영양제로 대체해도 좋습니다. 하지만 다른 영양제는 될 수 있는 한 권유하지 않습니다. 그 이유는 영양제가 사실 큰 필요가 없을뿐더러 영양 과잉 역시 좋지 않은 문제를 일으키기 때문입니다.

예를 들어, 철분이 부족하면 집중력이 저하되고 쉽게 피로해지고 빈혈도 생깁니다. 거기에 자주 울고 식욕이 감퇴해서 잘 먹지 않으며 또래들에 비해 성장이 늦어질 가능성도 커집니다. 반대로 철분을 과잉 섭취하면 얼굴에 주근깨처럼 색소가 침착될 수 있으며, 변비에 시달릴 가능성이 커집니다.

철분 부족에서 오는 빈혈은 생후 9개월부터 24개월 사이의 아이에게 많이 발생한다고 합니다. 아이의 손발이 차갑고 얼굴이 창백해지거나 잠을 잘 못 자거나 이유식을 잘 안 먹거나 자주 울고, 칭얼거림이 유독 심하다면 소아과에서 철분 검사를 받아보길 권합니다. 하지만 최고의 영양은 자연과 식재료에서 얻어야 한다는 점을 꼭 기억해주세요.

6

이유식에 대처하는 엄마의 자세

이유식을 초기, 중기, 후기로 나누는 건 사실 큰 의미는 없습니다. 아이마다 치아의 개수나 발달 상태가 다르기 때문이죠. 같은 개월 수라 해도 만삭아와 미숙아의 발달에서 오는 차이도 상당히 큽니다. 거기에 잇몸이 예민한 아이와 예민하지 않은 아이가 음식을 대할 때도 차이가 많이 납니다. 잇몸이 예민한 아이는 잘 씹지 않거든요. 이유식은 개월 수보다는 아이의 상태에 따라 맞추는 게 가장 좋은 방법입니다.

이유식 재료를 선택할 때도 어떤 채소와 과일은 12개월 이후에 먹어야 한다고 말합니다. 가장 큰 이유는 알레르기 때문이죠. 하지만 모든 아이가 알레르기가 일어나는 건 아닙니다. 알레르기 반응이 없다면 조금 일찍부터 먹여도 전혀 문제될 게 없습니다.

◇◇◇ 이유식 스트레스

많은 엄마가 이유식에 상당히 큰 스트레스를 가지고 있습니다. 첫아이라면 더 말할 것도 없죠. 저 역시 그랬으니까요. 소고기부터 먹일까? 과일은 단맛이 강해서 늦게 먹여야 한다는데? 칼이나 도마를 새로 사야 할까? 유기농 재료만 써야 할까? 어떻게 조리해야 하지? 삶아야 하나? 볶아야 하나? 쪄야 하나? 궁금한 게 굉장히 많아집니다. 처음이다 보니 실수에 대한 두려움도 있고 아이에게 좋은 이유식과 올바른 식습관을 만들어주고 싶은 게 부모의 마음이니까요.

그렇지만 마음을 편하게 갖는 게 좋습니다. 부담을 느끼면 더 힘들어지니까요. 이유식 초기에는 아이에게 식재료를 알려준다는 느낌으로 접근하고, 차후에는 어른이 먹는 음식에서 간을 하지 않는다고 생각하면 쉽게 접근할 수 있습니다. 모든 원칙을 반드시 지켜야 한다는 강박에서 살짝만 벗어나도 신세계를 경험할 수 있습니다. 꼭 밥을 먹일 필요도 없어요. 밥 대신 대체할 탄수화물이 많으니까요. 저 역시 주식으로 빵과 고기를 주는 경우도 많았습니다.

아이를 키우다 보면 모든 걸 완벽하게 하고 싶다는 마음이 강해지는 것 같아요. 각종 정보 또한 넘쳐나죠. 체계적이고 단계적으로 이유식을 하는 것도 좋지만, 완벽하지 않으면 어떤가요? 그래도 아이는 잘 자란답니다. 저 역시 아이주도 이유식(BLW)을 시작해야겠다고 마음먹었지만, 초기에는 단계를 찾을 정도로 강박이 있었습니다. 하지만 직접 경험해보니 큰 의미는 없었던 거 같아요. 마음의 여유를 갖고 스트레스 받지 말고, 아이와 함께할 수 있는 즐거운 식사시간이 되었으면 합니다.

7

우리 몸에 필요한 영양소는?

우리 몸에 필요한 영양소는 크게 탄수화물, 단백질, 비타민, 무기질, 지방으로 분류할 수 있습니다. 이 다섯 가지 영양소 중 하나라도 결핍되면 아이의 성장에 문제가 생겨요. 하지만 이유식 기간에는 모유 혹은 분유가 영양을 충족시키기 때문에 크게 영양에 대해서는 신경 쓰지 말고, 이유식을 잘 씹고 잘 먹을 수 있는 습관을 들이는 데 중점을 두는 게 좋습니다. 물론 이유식이 끝나는 시점부터는 모유와 분유의 양을 줄여야 하기 때문에 영양에 신경을 써야 해요. 그때부터는 아래의 표를 기억해야 아이의 건강한 식사에 도움이 될 수 있습니다.

아래 표는 기존의 영양소 분류보다 쉽게 이해할 수 있으며, 아이의 성장에 도움을 줄 수 있도록 약간 변형했습니다. 꼭 기억하세요. 식단을 짤 때 표처럼 탄수화물, 단백질, 칼슘, 비타민 및 무기질, 지방에 대해 고민해보면 참 좋을듯 해요. 아이의 식단뿐만 아니라 어른 식단도 마찬가지고요. 하지만 자주 까먹게 되는 게 사실이죠. 그럴 때를 대비해 냉장고에 메모를 해두면 유용할 것 같아요. 한 번쯤 더 신경 쓰게 되니까요.

탄수화물	밥, 빵, 감자, 고구마, 파스타, 국수, 떡 등
단백질	각종 육류, 어류, 콩, 두부, 달걀 등
칼슘	요구르트, 치즈, 우유 등
비타민, 무기질	각종 채소, 과일, 버섯 등
지방	아몬드, 땅콩, 호두 등

Special page

아빠의 육아 1

2015년 3월 10일 수면 교육

모유도 잘 먹고, 응가도 잘 싸고, 놀기도 잘하는 너무 예쁜 우리 아기지만 한 가지 흠이 있습니다. 바로 낮과 밤이 바뀌었다는 것이죠. 아내는 수면 교육을 시켜볼까 해서 낮에 자는 하유를 깨우기 위해 흔들어도 보고 기저귀를 갈아봤지만 모두 실패했다고 합니다. 남들은 밤에 잘 자서 밤중 수유도 거의 안 한다는데 우리 아기는 음… 완전 본능에 충실하다고 해야 할까요. 처음에는 이 부분이 굉장히 큰 스트레스로 다가왔습니다. 하지만 별수 있나요. 아직 태어난 지 얼마 되지 않은 아기에게 강요할 문제는 아닌 것 같았습니다.

"졸리면 자겠지. 계속 재우려고 하지 말고 안 자면 더 놀아주고 더 안아주고 함께하는 시간을 많이 만드는 게 좋지 않을까?"

나의 말에 아내는 뾰로통한 얼굴로 말합니다.

"말이 쉽지. 당신이 하루 종일 같이 있어주는 것도 아니잖아."

앗, 뜨끔했습니다. 아내도 처음에는 수면 교육을 시킬 생각이 없었지만 아내도 사람인지라 잠을 못 자면 예민해지고 멍한 상태에서 하유를 돌보는 게 과연 좋은 방법일까 하는 생각을 했다고 합니다. 육아는 정말이지 정답이 없지만, 선택은 항상 너무나 어렵습니다.

2015년 3월 16일 수면 교육 시작

하유의 칭얼거림이 점점 심해졌습니다. 이유 없는 울음은 없겠지만, 아무리 달래도 칭얼칭얼. 할아버지가 안아줘도 싫고, 내가 안아줘도 싫고 계속 울음을 멈추지 않는 하유. 하유를 재우는 게 점점 힘들어집니다. 모유 냄새 때문인지 아내가 안아주면 울음을 그치고 자려고는 하지만, 눕혀놓으면 등 센서가 바로 발동하네요. 앗!

아내 혼자 이렇게 안아주다가는 팔이 빠질 거 같다고 합니다. 설상가상 잠도 잘 못 자 아내의 예민함이 극을 향해 달리고 있습니다. 예민하다 보니 짜증도 늘고, 짜증난 자신의 모습이 하유에게 미안했는지 밤에는 울면서 사과하고…. 우리 가족에게 특단의 솔루션이 필요해 보였습니다. 주말을 이용해 영유아 수면에 관한 논문과 자료를 찾아봤습니다.

일단 상당히 찬반 의견이 뜨거운, 울려서 아이를 재우는 퍼버법 수면 교육이 눈에 들어왔습니다. 퍼버법이 심리학적으로 아기에게 좋지 않은 영향을 끼칠 수 있다는 의견이 많아 이리저리 찾아봤지만, 실제로 문제가 있다는 연구 결과는 없었습니다. 하지만 반대로 아기의 수면 문제는 가족의 삶, 엄마의 피로감, 우울, 양육 스트레스와 관련 있고 아동 학대에까지 영향을 미친다는 연구 결과도 있습니다.

엄마와 아기의 관계적인 측면에서도 안정적인 애착 관계를 형성하는 데 부정적인 영향을 미친다고 하니, 아기의 수면 문제 해결이 우리 부부에게 무척 중요하게 다가왔습니다. 하지만 퍼버법 수면 교육은 저도 아내도 도저히 해낼 자신이 없었습니다. 둘 다 멘탈도 약하면서 마음까지 약해 애가 우는데 밖에 나가 있는다는 건 도저히 자신이 없었습니다.

그래서 약간 변형해서 우리만의 방법으로 수면 교육에 도전했습니다. 퍼버법에 착안해서 하유에게 혼자 자야 하는 이유를 설명해주면서 옆에 함께 누워 재우기로 했습니다. 일단 모유를 먹이고, 트림을 시키고, 신나게 놀아주고, 하품을 하거나 졸려서 칭얼칭얼할 때 방으로 데리고 가 함께 누웠습니다. 일단 우리 부부가 정한 규칙은 15분 이상은 울리지 않기. 15분 정도 울면 안고 달래면서 관심을 분산시켜 하유가 왜 울었는지도 모르게 만드는 게 작전이었습니다. 지금 생각하면 비루하기 짝이 없는 도전이었지만 은근 효과가 있었습니다. 눕혀놓으니 역시나 울기 시작한 하유. 아내는 아이의 배를 토닥이며 조근조근

말을 걸었습니다.

"엄마는 하유가 혼자 잘 수 있다고 생각해~ 이건 절대 엄마가 힘들어서가 아니고 하유가 올바른 수면 방법으로 건강해졌으면 좋겠어. 울지 말고 예쁘게 자는 거야. 엄마는 하유가 무서워하거나 울면 항상 달려왔잖아~ 엄마 믿지? 안아서 재울 수도 있지만, 혼자 자는 방법을 알면 엄마는 하유랑 더 즐거운 시간을 많이 보낼 수 있을 거야."

그렇게 사랑해~ 고마워라는 말을 해주며 5분 정도 지났을까. 하유는 엄마 품에서가 아니라 누워서 스스로 잠이 들어버렸습니다. 그러다 잠시 후 다시 깬 하유. 다음에는 제가 도전했습니다.

어라? 저는 3분 만에 성공했습니다. 우리의 예상과 전혀 다른 반응에 둘 다 당황했습니다. 며칠 동안 잠도 못 자면서 애기 재운다고 안고 달래면서 뭘 했던 걸까요? 어쩌면 아이의 울음소리에 너무 빠르게 반응해서 수면을 방해한 게 아니었을까 하는 생각도 들었습니다. 너무 빠른 수면 교육 성공에 둘 다 들떴지만, 그래도 방심은 금물이겠죠.

2015년 3월 22일 육아 스트레스

하유를 재우고 이불 덮고 폰을 만지며 혼자 숨죽여 웃고 있는 아내. "여보 뭐해?"라고 물어보니, SNS에 뭘 올렸다고 합니다.

이런 건 줄 알았으면
처녀일 때 겁나 놀걸

인터넷에 올라온 육아의 고충을 적은 짧은 글을 공유하고 있는 아내. '이게 뭐야?' 하면서 저도 바로 댓글을 달았습니다. 나도 총각 때 겁나 놀걸. 처녀 총각 때 신나게 놀걸 후회하는 우리 부부였습니다.

하유가 태어난 다음 날 하유는 인큐베이터에 들어가고, 아내는 출산 후 염증으로 일주일 입원하고 퇴원했지만, 바로 맹장 수술로 또 입원하는 등 육아 초기에는 정말 다사다난했습니다. 그때에 비하면 지금은 완전 편한 거 같은데, 그래도 힘들긴 매한가지네요. 그중 가장 힘든 건 아무래도 개인 시간이 턱없이 부족하다는 겁니다. 특히 일을 하는 날에는 일이 끝나고 집에 가는데 뭔가 또 출근하는 기분이 들더라고요. 정작 나도 이런데 하유랑 24시간 붙어 있으면서 밥도 잘 못 챙겨 먹고 잠도 잘 못 자는 아내의 스트레스는 엄청나겠죠? 그걸 알면서도 주말에는 나태해지기 마련입니다. 멍 때리면서 텔레비전을 보고 있는데 아내가 말합니다.

"뭐 봐? 재미있어?"

"응? 슈퍼코리안이라고 파이터들 소개하는 프로 보고 있어."

"그걸 왜 봐?"

"슈퍼코리안 파이터가 누군지 궁금하잖아."

"네 옆에 있는 파이터는 안 보이지?"

"아…."

잠시 잊고 있었습니다. 지구상에서 가장 강한 파이터를.

2015년 3월 24일 푹 자게 하는 방법

수면 교육을 본격적으로 시작한 지 일주일이 지났습니다. 지금까지 하유는 별 탈 없이 혼자 잘 자고 있습니다. 밤중 수유는 가끔 할 때도 있고 안 할 때도 있어 왔다 갔다 하는 중입니다. 왜 그런지 곰곰이 생활 패턴을 되짚어보니 밤중 수유를 하는 날과 안 하는 날의 차이점을 발견할 수 있었습니다. 그것은 바로 산책의 유무!

산책을 한 날은 밥 먹는 것도 잊은 채 잠을 푹 잤습니다. 산책을 해서 피곤했던 건지 아니면 햇빛을 쬐면 멜라토닌 호르몬이 분비되어 숙면을 취할 수 있는 건지 정확한 이유는 알 수 없습니다. 어쨌든 햇빛을 쬐며 산책한 날 숙면을 취한다는 건 사실입니다. 그런데 이렇게 좋은 산책도 단점이 있습니다. 하유 얼굴이 까맣게 타버렸네요. 까마귀가 친구하자 할 거 같아요.

2015년 4월 18일 아빠만 할 수 있는 놀이

아내가 주말인데 하유 좀 봐달라며 저에게 전담 마크를 요청했습니다.

"하유야~ 책 읽어줄까? 아님 뒤집기 놀이할까?" 하고 말하자 아내는 그건 자기랑 많이 하니까 아빠만이 해줄 수 있는 색다른 놀이를 해주라고 말하고는 빨래를 하러 갔습니다. 아빠만이 해줄 수 있는 놀이? 그렇다면 이종격투기 놀이겠죠? 앗! 하유 선수 테이크 다운당했습니다. 하지만 마운트 자세에서 힘으로 넘겨버립니다. 하유야, 빽을 잡아, 빽! 앗! 팔이 빠졌어요. 암바 들어가나요? 들어갔습니다. 하유 선수의 승리!

애착인형과 하유랑 이종격투기 시합을 시켰습니다. 언제 들어왔는지 문 앞에서 나를 째려보며 아내가 말했습니다.

"당신 뭐해?"

"으…응? 아빠만이 할 수 있는 놀이…."

"요즘 세상이 워낙 흉흉하니까 하유가 자기 몸을 스스로 지킬 수 있게 특훈을 시키고 있었어."

그러자 아내가 말합니다.

"나랑 붙어볼래?"

"아… 아니요…."

2015년 5월 1일 엄마 껌딱지

하유는 요즘 엄마 껌딱지 증상이 점점 심해지고 있습니다. 아내의 품에서는 길을 가다 만나는 낯선 사람한테도 생글생글 웃어주는데, 아내의 품만 떠나면 폭풍 눈물을 흘리네요. 그러다 누나들과 조카들을 만났습니다. 한 달 정도 만에 보는 거라 낯설었는지 누나들에게도 예외는 없습니다. 엄마 품을 떠나자 바로 눈물을 보이는 하유. 낯가림을 하는 거겠죠? 그렇게 모두가 피자를 먹으러 갔습니다.

'아빠 나도 이거 먹어보고 싶어'라는 눈빛을 강렬하게 보내더니 허우적허우적 음식으로 달려드는 하유. 정말 신기한 건 방금 전까지 분명 엄청 심했던 엄마 껌딱지 증상이 먹을 거 앞에서는 순식간에 사라졌습니다. 고모 품이든 그런 거 상관없이 오로지 음식으로만 돌진! 자기도 한번 먹어보고 싶은지 고사리 같은 손으로 잡아당겨 입으로 가져가려고 합니다. 최근 들어 침도 많이 흘리고, 음식에 많은 관심을 보이는 하유. 이제 이유식을 시작할 때가 된 거 같습니다. 무서운 낯가림도 맛있는 피자 앞에서는 속수무책이네요.

2015년 5월 10일 독박 육아의 무서움

하유 할아버지의 사과 농장에 일손이 부족해 하유 고모가 도와주러 왔습니다. 아내와 하유 고모는 하유 할아버지를 도와주러 가고 제게는 하유와 조카가 맡겨졌죠. 처음에는 햇빛에서 일하는 것보다 아이들 보는 게 편할 거 같았습니다. 하지만 하유를 겨우 재우면 조카가 징징, 조카를 겨우 재우면 하유가 징징, 그러다 둘 다 일어나서 징징.

중간 중간 밥도 하고 청소도 하고 빨래도 하면서 아이 둘을 돌봤는데 반나절 만에 5년은 늙어버린 것 같았습니다. '아빠, 나는 엄청 졸리지만 절대 자지 않을 거야'라는 표정으로 끝까지 안 자고 버티는 하유. "삼촌! 이건 뭐야? 삼촌!

이거 어떻게 해? 삼촌 이거 해줘. 삼촌! 삼촌! 삼촌!" 삼촌을 계속 부르며 온 집안을 하루 종일 뛰어다니는 조카.

이게 말로만 듣던 독박 육아의 무서움인가요? 두 명을 혼자 돌보면서 느끼는 바가 많았습니다. 한 명을 보는 것보다 두 명을 볼 때는 두 배가 아니라 곱하기 따따블로 힘드네요.

CHAPTER 02

식재료 및 도구 이야기

이유식에 사용될 식재료는 엄마가 꼼꼼하게 첨가물 표시 부분을 살펴보고, 신선한 제철 음식을 고집해야 합니다. 수입산 과일을 고르는 방법과 음식 궁합, 제철 식재료 선택 방법을 통해 식재료 선택법과 보관법을 기억해두세요. 이유식 도구의 경우 실제로 사용하는 제품들을 소개했으니 하유 아빠가 추천하는 도구들을 통해 좀 더 쉽고, 간편하게 이유식을 만들어보세요.

1

식재료 이야기

같은 소고기라도 소를 키울 때 먹인 사료에 따라 인체에 미치는 영향이 달라진다는 연구 결과가 있습니다. 그만큼 식재료를 키울 때의 환경은 매우 중요합니다. 하지만 100% 유기농으로만 음식을 만들어 먹이는 일이 결코 쉽지는 않습니다. 그렇지만 눈에 보이지 않는다고 쉽게 넘어가서는 안 됩니다. 화학물질, GMO, 항생제, 성장촉진제, 화학영양제 등 우리 눈에 보이지는 않지만 많은 위험이 항상 가까이 있습니다. 그중 유전자조작 식품인 GMO는 이미 우리 생활 깊숙이 자리 잡고 있습니다. 국내법의 식품 표시만으로 GMO의 식품을 구별할 수 없기 때문에 이유식 식재료를 고를 때는 더욱 신중해야 합니다. 가능한 한 수입산 콩 제품은 꼭 피하세요.

가장 좋은 방법은 유기농만 먹이는 거겠지만 그게 어디 쉽나요? 정말 어려운 듯해요. 저 역시 100% 유기농 식품만 하유에게 주는 건 아닙니다. 그래도 가능하면 유기농 매장에서 재료를 구매하고, 필요한 재료가 없으면 대형마트로 갑니다. 재료를 고를 때 저만의 몇 가지 원칙이 있는데, 참고하세요.

1 두부는 꼭 국산, 무첨가 제품을 구매합니다.

2 돼지고기나 닭고기는 무항생제나 자연방목 마크가 있는 제품을 구매합니다.

3 소고기 역시 무항생제나 자연방목 마크가 있는 제품을 구매하고, 다짐육보다는 덩어리 고기를 구매해서 바로 다져달라고 요청합니다. 절단된 면이 공기와 접촉이 많

을수록 산패의 위험 또한 커지며 다진 고기로는 부위를 확인할 수 없으니까요. 물론 직접 다지는 게 가장 좋습니다.

4 해산물은 생물이 좋겠지만 냉동 해산물은 유기농 매장에서 구매합니다.

5 달걀은 자연 방사 유정란을 구매합니다. 방사 유정란이란, 좁은 공간에 닭을 가두고 공장처럼 달걀을 생산하는 방식이 아니라 닭을 자유롭게 풀어놓고 키우면서 얻은 달걀입니다.

6 우유는 유기농 우유를 구매합니다. 유기농 우유란 3년 이상 농약이나 제초제, GMO 농작물을 사용하지 않은 유기농 사료를 먹이고 넓은 목장에서 방목한 젖소에서 얻은 우유를 말합니다. 유기농 식품은 농림수산식품부의 유기농인증 마크나 유기가공식품 마크, 세계유기농운동연맹의 인증 마크를 통해 확인할 수 있습니다.

하나의 익숙한 브랜드에 현혹되지 않았으면 합니다. 꼼꼼하게 포장의 첨가물 표시 부분을 살펴보고, 어려운 용어가 많이 나오면 아이에게 먹이지 않는 게 좋습니다. 아이에게 식품 첨가물이 좋을 리 없으니까요. 마지막으로 가장 중요한 건, 100% 유기농 음식만 고집할 필요는 없지만 신선한 제철 음식은 반드시 고집해야 합니다.

2

제철 음식

제철 음식은 특정한 시기나 계절에만 얻을 수 있는 과일, 채소, 해산물로 만든 음식을 말합니다. 요즘은 하우스 농사로 온도 조절이 가능하고 성장촉진제를 이용해 열매 맺는 시기를 조절할 수 있어 계절에 상관없이 다양한 채소와 과일을 즐길 수 있습니다. 하지만 제철에 나온 채소나 과일보다 신선도와 맛이 덜하죠. 해산물 역시 냉동으로 오랜 기간 보관이 가능하지만, 제철에 나온 해산물만큼 싱싱하지 않습니다. 가격 또한 비싸고요. 제철에 나는 재료를 이용해 아이의 이유식을 만드세요. 제철 이유식은 아이에게 훨씬 더 맛있는 맛과 건강을 전해줄 거예요.

제철 음식은 우선 오래 보관할 필요가 없어 방부제나 항생제를 쓰지 않아 안전하고 양식장이나 하우스 재배가 아니라 에너지 소모와 경비를 줄여 자원 절감이 가능해요. 그리고 가장 중요한 건 잘 익은 시기에 수확하므로 영양과 맛이 더욱 좋답니다. 제철 식재료 표는 월별로 표시되어 있는데, 잘 파악하기 어려울 경우에는 사계절로 나눠 구분하면 더욱 쉽게 접근할 수 있을 거예요. 봄, 여름, 가을, 겨울에 맞춰 제철 음식을 분류할 수도 있으니까요.

◇◇◇ 제철 식재료 표

	채소	과일	해산물
1월	당근, 브로콜리, 더덕, 시금치, 우엉, 콩나물	딸기, 한라봉	꼬막, 삼치, 명태, 아귀, 도미, 과메기
2월	양파, 시금치, 미나리, 쑥, 우엉, 브로콜리, 더덕	딸기, 한라봉	꼬막, 삼치, 아귀, 도미, 바지락
3월	부추, 더덕, 우엉, 브로콜리, 냉이, 달래, 쑥, 취나물	딸기, 한라봉	꼬막, 주꾸미, 바지락, 도미, 소라
4월	고사리, 부추, 양파, 완두콩, 양배추, 두릅, 달래, 냉이, 취나물, 상추, 아스파라거스	딸기, 토마토	주꾸미, 바지락, 키조개, 참다랑어, 소라, 미더덕
5월	부추, 상추, 양파, 완두콩, 오이, 애호박, 두릅, 취나물	딸기, 매실, 앵두, 참외	주꾸미, 멍게, 키조개, 다슬기, 장어, 참다랑어, 소라
6월	감자, 셀러리, 오이, 애호박, 깻잎	참외, 매실, 살구	장어, 다슬기, 참다랑어, 소라

7월	감자, 가지, 깻잎, 브로콜리, 피망, 셀러리, 도라지	참외, 블루베리, 수박, 복숭아, 자두, 토마토, 복분자	갈치, 농어, 오징어
8월	감자, 옥수수, 도라지, 근대, 고구마순, 아욱, 도라지	참외, 블루베리, 수박, 복숭아, 자두, 포도, 사과, 토마토, 멜론	전복, 갈치, 오징어
9월	감자, 고구마, 옥수수, 느타리버섯, 오이, 부추, 참나물	배, 블루베리, 귤, 토마토	고등어, 전복, 굴, 게, 대하, 갈치, 광어
10월	고구마, 무, 늙은 호박, 도토리, 느타리버섯, 당근, 쪽파	배, 사과, 귤, 유자	홍합, 고등어, 전복, 굴, 게, 꽁치, 삼치, 대하, 갈치, 광어, 해삼
11월	무, 늙은 호박, 당근, 연근, 우엉, 쪽파, 콩나물	사과, 배, 귤, 키위, 유자	홍합, 꼬막, 고등어, 굴, 꽁치, 삼치, 대하, 도미, 가리비, 광어, 해삼, 과메기
12월	무, 늙은 호박, 콜리플라워, 브로콜리, 시금치, 배추, 연근	사과, 귤, 한라봉, 바나나	홍합, 꼬막, 굴, 삼치, 대하, 명태, 아귀, 도미, 가리비, 광어, 과메기

3

수입산 과일 고르는 방법

이유식을 하다 보면 아이에게 맛있는 과일을 먹이고 싶을 때가 많아요. 그런데 어떤 과일이 좋은지 구분하기 어렵죠. 특히나 수입산 과일은 어떤 방법으로 재배되었는지 알 수 없어 아이에게 먹여도 되는지 고민될 때가 많아요. 그때 참고하면 좋은 팁을 알려드릴게요. 혹시 바나나에 붙어 있는 스티커를 기억하나요? 아보카도에 붙어 있던 스티커는요?

모든 수입 과일에 통용되는 건 아니지만 과일에 붙어 있는 스티커를 자세히 보면 고유의 숫자가 적혀 있는 게 많아요. PLUPrice-Look Up라는 코드인데 보통 4~5자리로 이루어져 있어요. 이 숫자들은 유통 매장의 계산과 재고 관리의 편의를 위해 가격을 인식하고, 그 과일의 재배 방법을 알려주는 코드예요. 물론 PLU 코드의 부착이 의무가 아니라 100% 통용되는 방식은 아니지만 그래도 알고 있으면 좋겠지요.

한때 숫자가 4자리에 제일 앞 번호가 3 혹은 4라면 농약 과일,

숫자가 5자리인데 제일 앞 번호가 8로 시작하면 유전자조작 과일,

숫자가 5자리인데 제일 앞 번호가 9로 시작하면 유기농 과일이라는 이야기가 있었어요.

하지만 숫자 4자리에 3 혹은 4로 시작하는 과일은 재래 방식으로 재배하다 보니 화학비료나 농약을 사용했을 수도 있지만, 100% 나쁘다고 볼 수는 없어요. 일반적인 재배 방법으로 키운 과일인 거죠. 예전에는 유전자조작 과일에 숫자 5자리에 8로 시작하는 코드를 할당했지만, 한번도 사용된 적이 없어서 83XXX로 시작하면 일반 재배 농산물, 84XXX로 시작하면 유기농 재배 농산물로 바뀌 사용될 예정이라고 해요. 마지막으로 제일 앞 번호가 9로 시작하면 유기농 과일인 것은 변함이 없고요.

8로 시작한다고 유전자조작 과일이라고 오해하지 않았으면 좋겠어요. 이 방법으로 모든 수입 과일을 확인할 수 있는 건 아니지만, 그래도 알고 있으면 유기농인지 아닌지 쉽게 구별할 수 있으니 도움이 될 거예요.

4

음식 궁합

아내가 요리하는 모습을 지켜보면, 간혹 마녀수프가 생각납니다. 마법 같은 조합으로 저를 당혹스럽게 할 때가 많거든요. 음식 간의 궁합은 굉장히 중요해요. 결과적으로 이유식이 맛이 없으면 아이가 먹지 않으니까요. 그래서 맛있는 이유식을 만들기 위해 많은 고민을 했죠. 우리 아이가 먹는 이유식인데 맛은 물론 영양학적인 궁합 역시 신경을 써야겠죠. 예를 들면, 토마토에 설탕을 찍어 먹으면 당도가 낮은 토마토가 굉장히 맛있어지지만 토마토에 많이 들어 있는 비타민B_1이 설탕에 의해 파괴가 됩니다.

이외에도 시금치와 두부를 함께 먹으면 결석증을 유발할 수 있으며, 당근에 함유된 아스코르빈산은 오이의 비타민C를 파괴하여 당근과 오이도 함께 주지 않습니다. 감과 도토리묵 역시 다량의 타닌으로 인해 체내 철분 흡수를 방해하여 변비 혹은 빈혈이 생길 수 있어 함께 먹이지 않습니다. 소고기는 고구마와 밤을 피하고 닭고기는 자두를 피하고 돼지고기는 도라지, 조개와 옥수수는 안 좋은 궁합으로 피하는 게 좋겠지요. 그렇다면 좋은 궁합으로는 어떤 게 있을까요? 고기를 주재료로 봤을 때 아래의 표를 참조하면 도움이 됩니다.

소고기	브로콜리, 당근, 표고버섯, 애호박, 콩나물, 배, 두부 등
닭고기	브로콜리, 시금치, 표고버섯, 당근, 고구마, 인삼, 대추, 부추 등
돼지고기	감자, 표고버섯, 무, 키위 등

소고기는 철분이나 인, 우황 등 몸속에 산성 물질이 남아 알칼리성 채소와 함께 섭취하면 궁합이 좋습니다. 닭고기는 단백질이 풍부하지만 비타민과 무기질이 부족하니 녹황색 채소와 함께 섭취하기를 권장합니다. 돼지고기는 지방을 분해하는 새우젓과의 궁합이 최고예요. 아이의 이유식을 만들 때 참조하면 도움이 될 겁니다.

이외에도 좋은 궁합으로는 당근을 올리브오일에 살짝 볶아주면 비타민의 흡수율을 높일 수 있고, 감자와 치즈, 미역과 두부, 다시마와 콩, 굴과 레몬 등을 기억하면 이유식을 만들 때 요긴합니다.

5

식재료 냉동 보관하기

매일 매일 장을 볼 수 없으니 냉동 보관을 잘 이용하면
굉장히 편하게 이유식을 만들 수 있습니다.
냉장고마다 성능이 달라 냉동 보관이 가능한 일수에 조금씩 차이는 있지만,
평균적으로 육류나 채소를 냉동하면 1개월 안에 소비하기를 권장합니다.
다진 고기가 아니라면 4~8개월까지도 보관이 가능하지만,
다진 고기는 적어도 1~2개월 안에 소비하는 게 좋습니다.

밥

밥은 냉장실에 보관하면 퍼석퍼석해지기 쉬워 냉동 보관이 좋습니다. 1인분씩 랩으로 포장해서 식힌 다음 지퍼백에 담아 냉동하세요. 해동할 때는 전자레인지를 이용하면 간편해요. 랩으로 하나하나 포장하는 게 힘들면 밀폐 용기에 1인분씩 담아 냉동해도 좋습니다.

파, 마늘

향신료로 사용할 채소는 다지거나 강판에 갈아 한 번 만들 분량씩 랩으로 싸서 납작하게 눌러 지퍼백에 담아 냉동하면 됩니다.

각종 다진 채소

다진 채소는 주사위 모양의 몰드에 담아두면 필요할 때마다 편하게 사용할 수 있습니다. 냉동 상태에서 쉽게 꺼내기 위해서는 플라스틱보다 실리콘 재질의 몰드를 이용하는 게 좋습니다.

육류

고기는 다져서 랩으로 한 번 만들 분량씩 싸서 납작하게 눌러 지퍼백에 담아 냉동하면 편하게 사용할 수 있습니다. 주사위 모양의 몰드가 있으면 몰드에 담아 냉동해도 편합니다.

6

식재료 고르는 방법 및 보관법

하유의 이유식을 위해 아내와 함께 장을 보러 가면
아내는 채소 고르는 방법을 잘 모르더라고요.
과일 같은 경우는 눈으로나 손으로 만져보면 쉽게 신선한지 아닌지
식별이 가능하지만 채소류는 어려워하는 것 같아 고르는 법을 쉽게 정리했어요.
제대로 보관하는 방법을 익혀두면 신선한 상태로 오랫동안 즐길 수 있답니다.

감자

감자는 손으로 잡았을 때 단단하고 무게감 있는 게 좋으며, 껍질에 주름이 잡혀 있거나 싹이 돋은 것은 피하세요. 잘라보았을 때 갈라지지 않는 게 신선하다는 증거입니다. 종이봉투에 담아 통풍이 잘되는 서늘한 곳에 보관하면 좋습니다.

고구마

고구마는 매끄러운 게 좋으며 만졌을 때 무른 흔적이나 표면에 수염이 많지 않은 게 좋습니다. 끝부분의 자른 단면이 까맣고 끈적임이 있으면 당도가 높다는 증거입니다. 종이봉투에 담아 통풍이 잘되는 서늘한 곳에 보관하면 좋습니다.

토마토

토마토는 잘 익을수록 붉은색이 선명한데 껍질이 팽팽하고 윤기가 흐르는 것이 좋습니다. 꼭지에 힘이 없고 까맣거나 하얀 반점이 생긴 토마토는 가급적 구매를 안 하는 게 좋습니다. 비닐봉지나 랩으로 포장해서 냉장실 채소 칸에 넣어두면 3~4일은 보관이 가능합니다.

오이

오이는 손으로 만졌을 때 묵직하면서 아플 정도로 따끔하게 돌기가 있는 게 신선하다는 증거입니다. 모양이 휜 건 오이의 굵기가 일정한 편이라면 크게 문제되지는 않습니다. 물기를 잘 닦아 비닐봉지에 넣어 보관하며, 밀봉하지 않은 상태로 냉장실 채소 칸에 넣어둬도 됩니다. 단 오이는 무르기 쉽고 수분이 증발하면 맛이 떨어지니 빠른 시일 내에 먹는 게 좋습니다.

아보카도

아보카도는 잡았을 때 탱탱하면서 탄력이 있어야 좋은 제품입니다. 물컹하거나 껍질이 검게 변한 것은 너무 익은 상태입니다. 덜 익어서 단단한 아보카도를 구매했을 때는 온도로 숙성의 정도를 조절할 수 있어요. 서늘한 곳에 보관하면 숙성이 늦어지고, 따뜻한 곳에 보관하면 숙성이 빨라져요.

당근

당근은 전체적으로 주황색이 선명한 게 좋으며 검은 반점이 있거나 푸른빛이 돌면 구입하지 않는 게 좋습니다. 잎이 잘린 단면이 크게 보이는 당근은 심이 굵고 속도 딱딱한 편이라 피하는 게 좋습니다. 종이봉투에 담아 서늘한 곳에 보관하면 좋습니다.

브로콜리

브로콜리는 큰 게 단맛이 강하고 잘 익은 것입니다. 전체적으로 빽빽하고 단단하면 신선하다는 증거이며, 색상은 초록색이 짙고 선명한 게 좋습니다. 노란빛을 띠면 시들어서 식감이 좋지 않으니 구입하지 마세요. 브로콜리는 통째로 비닐봉지에 넣어 채소 칸에 보관해도 좋고, 잘 씻어서 먹기 좋은 크기로 잘라 물기를 제거해서 밀폐 용기에 담아 보관해도 좋습니다.

피망

피망은 색이 선명하고 탄력이 있는 제품을 구매합니다. 주름이 잡혀 있는 건 신선도가 떨어졌다는 증거이며, 피망은 살짝 노란빛이 보이면 익어서 단맛이 증가했으니 구매해도 좋습니다. 물기가 없는 상태에서 비닐봉지나 랩으로 포장해서 냉장실 채소 칸에 넣어두면 일주일 정도 장기간 보관이 가능합니다. 단, 상한 피망을 함께 두면 다른 피망도 금세 무를 수 있으니 주의하세요.

가지

가지는 손으로 잡았을 때 탱탱하고 탄력이 있는 것으로 고릅니다. 짙은 보라색으로 윤기가 흐르는 것이 좋으며, 주름이나 상처가 있거나 갈색을 띠면 구입하지 마세요. 가지는 추위에 약하기 때문에 신문지에 싸서 냉장실 채소 칸에 보관하면 좋습니다.

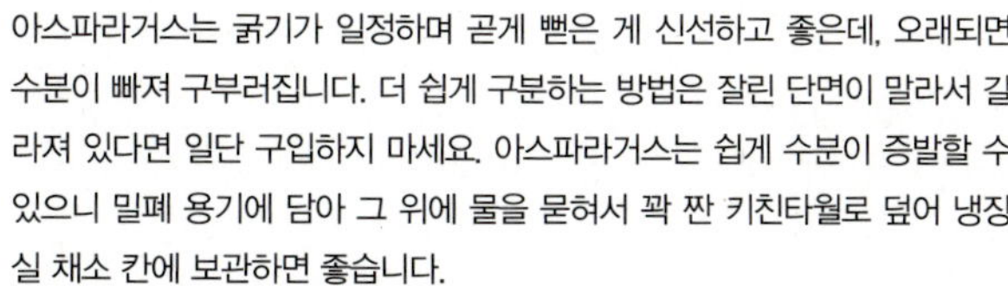

아스파라거스

아스파라거스는 굵기가 일정하며 곧게 뻗은 게 신선하고 좋은데, 오래되면 수분이 빠져 구부러집니다. 더 쉽게 구분하는 방법은 잘린 단면이 말라서 갈라져 있다면 일단 구입하지 마세요. 아스파라거스는 쉽게 수분이 증발할 수 있으니 밀폐 용기에 담아 그 위에 물을 묻혀서 꽉 짠 키친타월로 덮어 냉장실 채소 칸에 보관하면 좋습니다.

양배추

양배추는 들었을 때 크기가 비슷해 보인다면 무거운 게 알찬 양배추입니다. 껍질에 윤기가 흐르고 탄력이 있으며 색이 선명한 것이 좋으며, 단면이 잘린 양배추는 심 부분이 길수록 맛이 좋습니다. 신문지로 싸서 서늘한 곳에 보관하고 랩이나 비닐봉지로 싸서 냉장실 채소 칸에서도 보관이 가능합니다.

시금치

시금치는 색이 선명하고 적당히 탄력 있는 게 좋습니다. 잎에 검은 반점이 있고 줄기가 얇은 것은 피합니다. 줄기에 잎이 자라고 있으면 좋은 상태입니다. 시금치는 비닐봉지에 넣어 냉장실 채소 칸에서 2~3일 정도 보관이 가능합니다.

옥수수

옥수수는 수염의 모량이 많고 갈색이 돌수록 잘 익은 겁니다. 또한 껍질이 속을 단단하게 잘 싸고 있으며 옥수수 알이 빈틈없이 꽉 차 있는 것이 좋습니다. 옥수수는 신선도가 떨어지면 맛과 영양도 같이 떨어져 바로 먹는 게 좋습니다. 보관 방법으로는 삶아서 옥수수 알을 일일이 떼어 냉동실에 넣어두면 3~4일 정도 보관이 가능합니다.

단호박

단호박이 잘 익었는지 확인하는 방법은 껍질과 꼭지를 보면 알 수 있습니다. 껍질이 말랑하면 수확을 빨리해 덜 익은 것이니 껍질이 딱딱한 단호박을 구매합니다. 꼭지 부분도 자세히 살펴보면 잘린 단면이 바짝 말라 있으면 잘 익은 단호박입니다. 단호박은 통째 구매하면 서늘하면서 통풍이 잘되는 곳에서 1개월 이상도 보관이 가능합니다.

양파

양파는 뿌리를 보면 신선도를 알 수 있습니다. 뿌리가 짧으면 좋고 크기가 크고 만졌을 때 묵직하면서 무게감이 있으며 원형에 가까운 양파가 좋습니다. 양파는 여름에는 종이로 싸서 밀봉하지 않은 상태로 냉장실 채소 칸에 보관하고 다른 계절에는 어둡고 서늘한 곳에 보관하세요.

셀러리

셀러리는 손으로 잡았을 때 단단한 게 좋습니다. 이파리가 싱싱한 것이 좋으며 줄기의 심이 또렷하면 식감이 좋습니다. 밑 부분은 두툼하면서 둥글게 말린 게 좋으며 잘린 단면이 하얄수록 신선하다는 증거입니다. 오래될수록 자른 단면이 검게 변하거든요. 보관할 때는 잎을 떼지 않으면 줄기의 영양분이 빠져나가기 때문에 잎과 줄기를 나눠서 냉장실 채소 칸에 보관합니다.

콩나물

콩나물은 줄기의 모양이 반듯하고 굵으면서 흰색을 띠는 것이 좋으며 색이 누렇게 변한 것은 시들었다는 증거입니다. 뿌리가 긴 것은 오래되어 식감이 나쁠 수 있으니 뿌리 부분이 짧은 콩나물을 선택합니다. 콩나물은 비닐봉지째 냉장실에서 며칠간 보관할 수 있지만 가급적 구입해서 바로 먹는 게 좋습니다.

7

이유식 도구 준비

아이주도 이유식(BLW)이라고 해서 별다른 도구가 필요한 건 아닙니다. 플레이슈트 또는 팔까지 가려지는 방수 턱받이가 있으면 조금 더 유용하겠지만, 꼭 필요하지는 않더라고요. 플레이매트나 비닐을 깔아도 청소에는 용이할지 모르지만, 막상 깔고 치우는 것도 일인지라 저는 유용하게 사용하지 못했어요. 제가 이유식을 하면서 유용했던 도구와 팁을 소개할게요.

칼, 도마

될 수 있다면 도마와 칼은 따로 준비하는 게 좋습니다. 채소 도마, 육류 도마, 어류 도마, 과일 도마로 나누어 사용하세요. 각각의 미생물이 도마의 틈새에 끼여 교차 오염의 가능성이 있으며, 음식에 다른 향이나 맛이 밸 수 있습니다. 기존의 도마를 사용한다면 깨끗이 살균 소독해주세요. 끓는 물로 열탕 소독을 하면 좋아요.

스패튤러

스패튤러는 나무 주걱을 사용해도 좋지만 실리콘으로 된 제품이 있으면 편하게 사용할 수 있어요. 냄비에 있는 음식을 싹싹 긁어 모으기가 편하거든요.

편수 냄비

작은 사이즈의 편수 냄비만 있으면 많은 요리를 만들 수 있어요. 제가 구매했던 냄비는 쉐프윈이라는 냄비인데, 통 5중으로 된 스테인리스 냄비예요. 거기에 찜기랑 채반까지 들어 있어 음식을 찌거나 데칠 때 편하게 사용했어요. 처음 스테인리스 냄비를 사용할 때는 연마제를 제거해야 해요. 식용유를 떨어뜨려 키친타월로 닦아보세요. 그럼 새카맣게 연마제가 묻어나오는 걸 확인할 수 있어요. 물에 식초와 베이킹소다를 넣고 끓여 닦아주면 위생적으로 이용할 수 있어요.

이유식 조리기

제가 사용했던 건 국민 이유식 조리기예요. 절구 세트와 강판, 즙짜개로 구성되는데 도자기 재질이라 환경호르몬 걱정을 하지 않아도 됩니다. 전자레인지, 열탕 소독까지 가능해서 사용하기 편하고, 올인원이라 수납공간도 많이 차지하지 않고 디자인도 예뻐서 잘 사용했던 도구예요.

믹서

이유식을 만들다 보면 의외로 믹서를 많이 사용합니다. 너무 작은 믹서는 이동성이나 수납에는 편할지 모르지만 갈리는 성능이 약해 사이즈보다는 성능에 중점을 두고 믹서를 구입하는 게 좋습니다.

저울

베이킹을 할 때는 꼭 필요하지만, 그 외에는 사실 크게 필요하지 않아요. 하지만 요리 초보라면 하나쯤 구비해서 요리할 때 사용해보면서 조금씩 감을 잡는 것도 좋아요.

이유식 수저

처음에 이것저것 이유식 수저를 구매해봤는데 비싸다고 좋은 건 아니었어요. 하유는 비싼 수저는 입에도 안 대더니 사은품으로 받은 수저를 굉장히 좋아했어요. 아이마다 다르겠지만 하유는 조금 말랑말랑한 느낌의 실리콘 수저를 제일 좋아했어요.

턱받이

턱받이는 실리콘이나 면으로 만든 제품은 추천하지 않아요. 비닐 느낌의 폴리에스테르로 만들어진 턱받이가 가장 실용적입니다. 무엇보다 세탁이 편하고 휴대성이 좋아요.

이유식 보관 용기

이유식 용기로 나온 유리로 된 작은 사이즈의 제품을 이용했어요. 이유식을 만들어 한 끼씩 보관하기 좋고, 유리로 된 글라스락은 중탕도 할 수 있고 전자레인지에도 돌릴 수 있어 편하게 사용했어요.

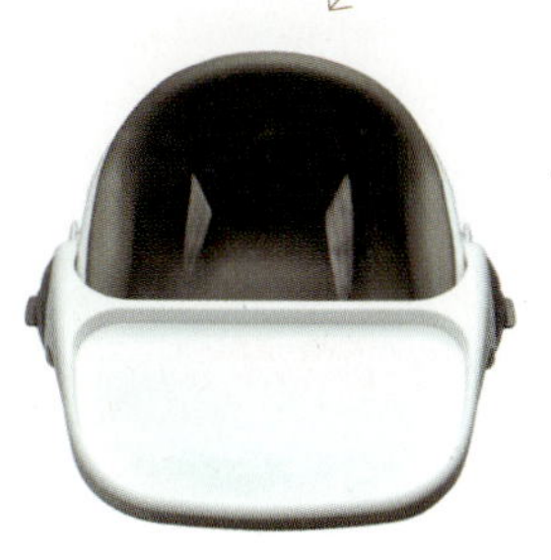

아기 의자

아기가 밥 먹는 의자는 꼭 필요해요. 식탁에서 식사한다면 하이체어를 꼭 구매하고 좌식이라면 부스터 같은 의자를 추천합니다. 하유는 마마스앤파파스 버드라는 제품을 사용했어요. 좌식에서 먹을 수도 있고 의자에 부착하여 식탁에서도 사용할 수 있어 유용했어요.

CHAPTER 03

아이주도 이유식(BLW) 시작 전 이유식

아이주도 이유식(BLW) 시작 전 아이에게 먹이면 좋은 미음과 퓌레를 소개합니다. 미음과 퓌레는 아이주도 이유식(BLW)의 준비 단계로, 이유식을 일찍 먹이고 싶은 엄마, 아빠 혹은 죽 이유식을 병행하실 분들에게 권장합니다. 그 외에 퓌레 이유식 부분을 잘 활용하면 100% 아이주도 이유식(BLW)을 하려는 분들에게도 도움이 될거에요. 토핑을 건져먹을 수도 스틱 이유식을 찍어먹을 수도 있어요.

1

미음

생후 6개월보다 일찍 이유식을 시작하는 아이들은 아이주도 이유식(BLW)과 기존 이유식을 병행해도 좋습니다. 미음부터 시작하는 거죠. 하유 역시 미음부터 시작했습니다. 미음을 처음에 먹였던 가장 큰 이유는 알레르기 반응을 천천히 살펴보고 싶어서입니다. 아무래도 첫아이다 보니 조심스러운 부분이 많았지요. 곡류, 채소, 육류로 나눠 알레르기 반응을 보고 난 다음 아이 스스로 준비되는 6개월부터 아이주도 이유식(BLW)을 시작해도 좋습니다. 그렇다고 책에 나온 미음을 모두 맛보여줄 필요는 없습니다. 몇 가지 해보고 넘어가도 무방합니다.

사실 시간이 지나서 생각해보면 퓌레나 스틱 형태의 이유식이 알레르기 반응을 확인하기에 더 적합하더라고요. 바로 입 주변에 반응이 일어나니까요. 하지만 구강 내 발달 순서를 보면 씹을 수 있는 저작 운동보다 혀의 근육 운동이 먼저라고 합니다. 따라서 부드러운 미음을 시작으로 작은 알갱이로 입자감을 천천히 높여 혀의 운동을 도와주는 겁니다. 그래서 저는 미음 혹은 퓌레로 시작한 다음 스틱 이유식으로 넘어가는 방법을 권합니다.

미음이란 충분한 물에 쌀을 넣고 푹 끓여 체에 거른 걸쭉한 음식입니다. 곡물, 채소, 육류를 이용해서 만들 수 있으며, 순차적으로 먹여보세요. 한 그릇을 다 먹여야 한다는 마음보다 아기에게 조금씩 맛을 보여준다는 느낌으로 접근하면 좋을 것 같아요. 초기에는 쌀가루를 이용해도 좋고 쌀을 직접 불려 갈아서 만들어도 좋아요. 처음에는 부드럽게 만들고 점차 입자감을 높여주세요.

쌀 미음

소화도 잘되고 알레르기 반응이 적어 첫 이유식으로 적당합니다.
사랑을 듬뿍 담아 만들어주세요.
rice water
gruel

재료(1인분)

쌀가루 _ 15g(약 1큰술)
물 _ 180ml(약 1컵)

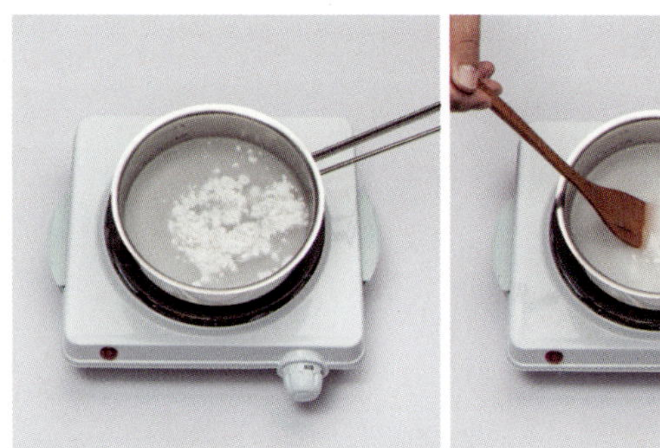

1 냄비에 물을 붓고 바로 쌀가루를 넣는다.

2 주걱으로 쌀가루가 잘 풀리도록 천천히 저어가며 센 불로 끓인다.

3 끓어오르면 불을 약하게 줄이고 걸쭉하면서 끈기가 생기면 불을 끈다.

TIP

쌀을 직접 갈아서 미음을 만들어도 좋지만 예민한 아이들은 입자감 때문에 이유식을 거부할 수 있어요. 그래서 처음에는 쌀가루를 이용하는 게 좋아요. 유기농 쌀가루는 초록마을, 한살림 등 유기농 매장에서 구입할 수 있어요.

찹쌀 미음

glutinous rice water gruel

찹쌀의 따뜻한 성질이 소화가 잘되고
설사를 멎게 도와주며 불면증 해소에도 좋아요.

재료(1인분)

찹쌀_15g(약 1큰술)

물_180ml(약 1컵)

1 믹서에 30분 이상 불린 찹쌀을 넣고 물을 약간 부어 간다.

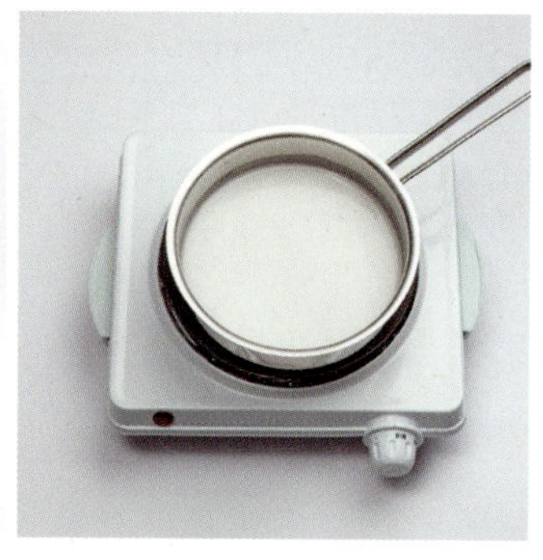

2 냄비에 간 찹쌀과 물을 넣고 끓인다.

3 천천히 저어주면서 센 불로 끓이다 끓어오르면 불을 약하게 줄이고 7분간 푹 끓인다.

찹쌀은 직접 물에 불려서 갈아서 사용했어요. 시중에 판매하는 찹쌀가루는 입자가 너무 고와서 이유식으로는 적당하지 않은 것 같아요. 이유식은 고형식을 연습하는 과정으로, 천천히 스스로 씹을 수 있도록 입자감을 주는 게 좋아요. 하지만 입자가 너무 클 경우 체에 걸러주면 좋아요.

애호박 미음

애호박 껍질은 질감이 단단해서 아기가 소화가 어려울 수 있습니다.
미음을 만들 때는 꼭 껍질을 제거 후 사용해주세요.

squash a penitentiary

재료(1인분)

쌀_15g(약 1큰술)

애호박_15g(약 1큰술)

물_180ml(약 1컵)

1 믹서에 30분 이상 불린 쌀을 넣고 물을 약간 부어 간다.

2 애호박은 껍질을 벗겨서 삶은 다음 곱게 으깬다.

3 냄비에 간 쌀과 으깬 애호박, 물을 넣고 끓인다.

4 냄비 바닥에 눌어붙지 않도록 천천히 저어주면서 센 불로 끓이다 끓어오르면 불을 약하게 줄이고 7분간 푹 끓인다.

애호박 껍질은 질감이 단단하고 소화가 어려울 수 있어 미음을 만들때는 꼭 제거 후 사용하세요.

브로콜리 미음

브로콜리는 칼슘과 엽산, 항산화 물질뿐만 아니라
다량의 비타민C를 함유하고 있어요.

재료(1인분)

쌀_15g(약 1큰술)

브로콜리_15g(약 1큰술)

물_180ml(약 1컵)

1 믹서에 30분 이상 불린 쌀을 넣고 물을 약간 부어 간다.

2 브로콜리는 끓는 물에 데쳐서 믹서에 물을 약간 부어 곱게 간다.

3 냄비에 간 쌀과 간 브로콜리, 물을 넣고 끓인다.

4 천천히 저어주면서 센 불로 끓이다 끓어오르면 불을 약하게 줄이고 7분간 푹 끓인다.

TIP

브로콜리는 송이가 단단하고 꽃이 피지 않은 것으로 구입하세요.
줄기가 송이보다 영양가는 높지만 처음에는 부드러운 송이만 사용하는 게 좋아요.

소고기 미음

소고기는 단백질과 다량의 비타민을 함유하고 있어 영양이 풍부해요.
특히 철분 흡수율이 높아 아이에게 꼭 필요한 식재료 중 하나예요.
소고기를 먹기 전에 적응할 수 있도록 미음으로 만들어주세요.
beef rice
water

재료(1인분)

쌀_15g(약 1큰술)

소고기_15g(약 1큰술)

물_180ml(약 1컵)

1 믹서에 30분 이상 불린 쌀을 넣고 물을 약간 부어 간다.

2 소고기는 끓는 물에 푹 삶아서 믹서에 곱게 간다.

3 냄비에 간 쌀과 간 소고기, 물을 넣고 끓인다.

4 천천히 저어주면서 센 불로 끓이다 끓어오르면 불을 약하게 줄이고 7분간 푹 끓인 다음 체에 거른다.

TIP

물 대신 소고기를 삶은 물을 넣어도 좋아요.

닭고기 미음

닭고기는 다른 육류에 비해 부드러워 아기가 먹기 수월해요.
닭고기는 두뇌 성장을 돕는 단백질을 함유하고 있으며 소화 흡수가 잘돼
아기가 먹기 적당해요.

chicken rice
water

재료(1인분)

쌀_15g(약 1큰술)
닭고기_15g(약 1큰술)
물_180ml(약 1컵)

1 믹서에 30분 이상 불린 쌀을 넣고 물을 약간 부어 간다.

2 닭고기는 끓는 물에 삶아서 믹서에 곱게 간다.

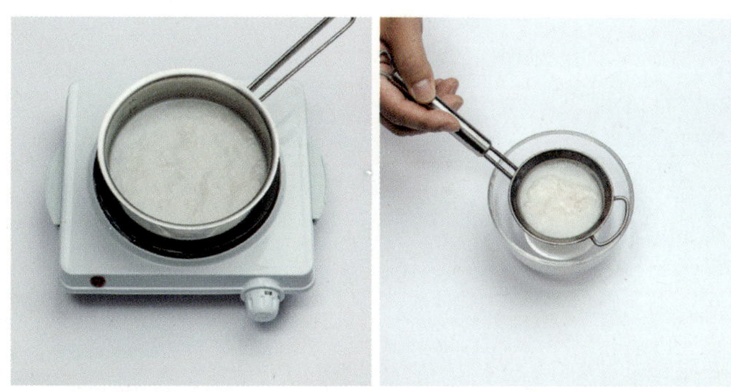

3 냄비에 간 쌀과 간 닭고기, 물을 넣고 끓인다.

4 천천히 저어주면서 센 불로 끓이다 끓어오르면 불을 줄이고 7분간 푹 끓인 다음 체에 거른다.

TIP

물 대신 닭고기 삶은 물을 대신 넣어도 좋아요. 쌀 대신 찹쌀을 이용하면 훨씬 맛있는 닭고기 미음을 만들 수 있어요.

2
퓌레

제가 하유에게 미음 다음에 먹인 음식은 퓌레입니다. 퓌레는 육류나 채소를 갈아 진한 액체 정도의 농도로 만든 음식입니다. 하유는 퓌레를 먹을 즈음, 스스로 만져보고 입으로 가져가려는 행동을 시작했습니다. 퓌레를 주니 먹으려고 하지만 생각처럼 되지 않아 얼굴 전체에 팩을 하는 모습이 너무 귀여웠습니다. 피부에 양보하면 어때요. 차차 좋아지겠죠. 퓌레 만드는 방법을 익혀두면 아이주도 이유식(BLW)을 할 때 요긴한 점이 있습니다. 지루해지기 쉬운 스틱 이유식에 찍어 먹을 수도 있으며 함께 곁들일 수 있는 방법으로 맛과 식감의 스펙트럼이 한결 넓어지니까요.

퓌레는 초기부터 미음과 함께 시작해도 좋고 미음 한두 가지를 만들어주고 퓌레로 넘어가도 좋습니다. 과일 혹은 채소를 이용해서 맛있는 퓌레를 만들어 주세요.

아보카도 퓌레

아보카도에는 비타민A, 엽산, 철분 등 다양한 비타민과 미네랄이 풍부하여
해외에서는 초기 이유식 식재료로 많이 이용됩니다.
아이에게 건강한 아보카도 퓌레를 만들어주세요.
avocado
purée

재료(1인분)

아보카도

_100g(약 6큰술)

모유 혹은 분유물

_15ml(약 1큰술)

1 잘 익은 아보카도를 반으로 잘라 껍질을 벗기고 씨앗을 제거한다.

2 아보카도를 숟가락으로 퍼서 절구나 포크를 이용해 으깬다.

3 모유 혹은 분유물을 넣고 섞어 농도를 맞춘다.

TIP

물을 넣어도 되지만 평소 먹는 모유나 분유물을 넣으면 아이가 더욱 맛있게 먹을 수 있어요. 잘 익은 아보카도는 껍질이 녹색에서 검게 변하고 말랑말랑한 탄력이 살짝 느껴진답니다.

콜리플라워 퓌레

콜리플라워는 꽃양배추라고도 하며 다양한 비타민과 무기질이 풍부해
면역력을 높여주고 몸에 있는 독소를 해독하는 데 도움을 줍니다.
쓴맛이 적고 단맛이 강해 초기 이유식에 이용하면 좋아요.
cauliflower
purée

재료(1인분)

콜리플라워
_100g(약 6큰술)
모유 혹은 분유물
_15ml(약 1큰술)

1 콜리플라워는 흐르는 물에 깨끗이 씻어 끓는 물에 데친다.

2 믹서에 데친 콜리플라워와 모유 혹은 분유물을 모두 넣어 간다.

TIP

물을 넣어도 되지만 모유나 분유물을 넣으면 아이가 쉽게 이유식에 적응할 수 있어요.

사과 배 퓌레

하루에 사과 하나면 의사가 필요 없다는 영국 속담도 있듯 사과는 비타민과 칼륨, 유기산 등이 풍부한 과일입니다. 특히 아이의 면역력을 높이는 데 좋아요. 기관지에 도움을 주고 변비 예방에도 좋은 배를 함께 갈아 사과 배 퓌레를 만들어주세요.

재료(1인분)

사과_50g(약 3큰술)

배_50g(약 3큰술)

1 사과와 배는 껍질을 벗기고 씨를 제거한다.

2 사과와 배를 끓는 물에 5분 정도 익힌 다음 강판에 간다.

수분이 많아 모유 혹은 분유물은 넣지 않아도 좋고 기호에 따라 살짝 넣어도 좋아요. 아이의 상태에 따라 저작 능력이 미숙하면 체에 걸러주세요. 초기에는 끓는 물에 데쳐서 주다 차츰 데치지 말고 그냥 갈아주면 맛있는 간식으로도 좋아요.

아보카도 바나나 퓌레

하유가 가장 좋아하는 아보카도와 바나나의 만남이에요.
비주얼이 조금 낯설기는 하지만 만들기도 간단하고 영양도 최고랍니다!

재료(1인분)

아보카도_50g(약 3큰술)
바나나_50g(약 3큰술)
모유 혹은 분유물
_15ml(약 1큰술)

1 잘 익은 아보카도와 바나나는 껍질을 벗겨 준비한다.

2 아보카도와 바나나를 절구에 넣고 함께 으깬다.

3 모유 혹은 분유물을 넣어 농도를 조절한다.

바나나는 잘 익은 걸로 준비하세요. 잘 익어서 검은 반점이 생긴 바나나는 변비에 좋지만 덜 익은 것은 변비를 유발할 수 있어요.

감자 당근 퓌레

비타민A가 많아 시력 개선에 좋은 당근과 비타민C의 보고 감자와의 만남이에요.
맛있는 감자 당근 퓌레를 만들어주세요.
carrot purée
of potatoes

재료(1인분)

감자_80g(약 5큰술)
당근_20g(약 1큰술)
모유 혹은 분유물
_15ml(약 1큰술)

1 감자와 당근은 껍질을 벗기고 끓는 물에 푹 삶는다.

2 절구에 삶은 감자와 당근을 넣고 으깬 다음 섞는다.

3 모유 혹은 분유물을 넣어 농도를 조절한다.

감자와 당근은 비율을 달리 해도 좋아요. 모유물을 조금 묽게 먹이고 싶으면 모유 혹은 분유물을 더 넣어가며 농도를 조절하세요.

고구마 브로콜리 퓌레

broccoli sweet potato purée

브로콜리를 좋아하지 않는 아이에게 달콤한
고구마와 함께 퓌레로 만들어주면 좋아요.

재료(1인분)

고구마_90g(약 6큰술)

브로콜리

_10g(약 2작은술)

모유 혹은 분유물

_15ml(약 1큰술)

1 고구마는 껍질을 벗기고 끓는 물에 삶는다.

2 브로콜리는 깨끗이 씻어 데친 다음 곱게 다진다.

3 절구에 삶은 고구마를 넣고 으깬 다음 다진 브로콜리와 섞는다.

4 모유 혹은 분유물을 넣어 농도를 조절한다.

고구마는 껍질을 제거해서 끓는 물에 삶아도 좋고 껍질째 찜통에 쪄서 으깨도 됩니다.

3

토핑을 올린 퓌레

기본적인 퓌레를 먹이다 소고기 안심을 다져 토핑으로 올렸습니다. 하유 스스로 소고기를 손가락으로 집어 입으로 가져가는 모습을 보니 본격적으로 아이주도 이유식(BLW)을 시작해도 될 것 같다는 생각을 했습니다. 소고기 부위 중에서 가장 부드럽고 연하며 맛까지 좋은 안심을 가장 먼저 주세요.
물론 소고기뿐만 아니라 닭고기 안심을 익혀서 곱게 다져 올리면 좋은 토핑이 될 수 있답니다. 토핑을 올리게 된 계기는 퓌레도 손으로 먹으려는 하유에게 조금 더 편하게 먹을 수 있게 하는 동시에 고기를 섭취하기 위해서입니다. 또한 다양한 질감을 접할 수 있어 먹는 즐거움을 더할 수 있습니다. 다양한 질감을 많이 경험해본 아이는 점차 호기심 가득 새로운 음식에 대한 두려움이 없어지고 음식을 능숙하게 다루고 잘 먹는 아이가 될 수 있어요.

소고기를 곁들인 당근 퓌레

재료(1인분)

당근_100g(약 6큰술)
소고기 안심
_15g(약 1큰술)
모유 혹은 분유물
_15ml(약 1큰술)

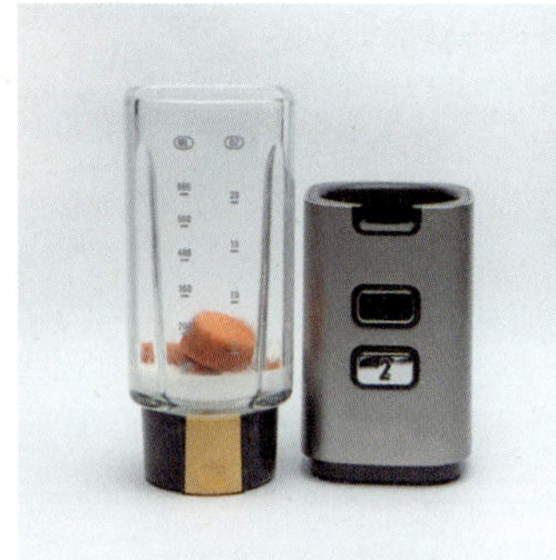

1 당근은 끓는 물에 푹 익힌 다음 모유 혹은 분유물를 넣고 농도를 조절하며 믹서에 곱게 간다.

2 소고기는 핏물을 제거해서 끓는 물에 익힌 다음 곱게 다져 당근 퓌레에 올린다.

당근은 색이 일정하고 표면이 매끄럽고 모양이 예쁜 것으로 고르세요. 건더기가 느껴지는 당근 퓌레를 먹지 않을 경우는 즙을 내서 만들면 좋아요.

소고기를 곁들인 애호박 퓌레

애호박 껍질은 제거하고, 씨는 아이의 상태에 따라 사용하면 좋아요.
아이가 변비에 걸린 상태라면 씨도 함께 갈아주고, 아이의 변이 묽은 상태라면 씨는 꼭 제거하세요.
애호박 씨에 들어있는 레시틴 성분은 아이의 두뇌개발에 좋답니다.

재료(1인분)

애호박_100g(약 6큰술)
소고기 안심
_15g(약 1큰술)
모유 혹은 분유물
_15ml(약 1큰술)

1 애호박은 껍질을 벗기고 끓는 물에 푹 익힌 다음 모유 혹은 분유물을 넣고 농도를 조절하며 믹서에 곱게 간다.

2 소고기는 핏물을 제거해서 끓는 물에 익힌 다음 곱게 다져 애호박 퓌레에 올린다.

TIP

애호박은 껍질째 넣으면 까슬한 식감을 아이가 거부할 수 있으니 반드시 껍질을 벗겨서 만드세요.

닭고기를 곁들인 감자 퓌레

재료(1인분)

감자_100g(약 6큰술)
닭 안심_15g(약 1큰술)
모유 혹은 분유물
_30ml(약 2큰술)

1 감자는 껍질을 벗기고 끓는 물에 푹 삶는다. 젓가락으로 찔러 쑤욱 들어가면 꺼낸다.

2 삶은 감자를 절구에 넣고 으깬 후 모유 혹은 분유물을 넣어 농도를 조절한다.

3 닭고기는 끓는 물에 익힌 다음 곱게 다져 감자 퓌레에 올린다.

감자 등의 식재료는 갈아도 뻑뻑해서 아이가 먹기 힘들 수 있어요. 처음에는 모유나 분유물을 많이 넣어 묽게 만들면 좋아요.

닭고기를 곁들인 단호박 퓌레

재료(1인분)

단호박_100g(약 6큰술)
닭 안심_15g(약 1큰술)
모유 혹은 분유물
_30ml(약 2큰술)

1 단호박은 껍질을 벗기고 끓는 물에 푹 삶는다. 젓가락으로 찔러 쑤욱 들어가면 꺼낸다.

2 삶은 단호박을 절구에 넣고 으깬 다음 모유 혹은 분유물을 넣어 농도를 조절한다.

3 닭고기는 끓는 물에 익힌 다음 곱게 다져 단호박 퓌레에 올린다.

단호박은 껍질과 씨를 제거하고 삶아도 되지만 찜통에 쪄도 됩니다. 단호박 껍질을 벗기기 어렵다면 전자레인지에 5분 정도 돌리면 손쉽게 껍질을 벗길 수 있어요.

Special page

아빠의 육아 2

2015년 8월 18일 무서운 집념

마트에 가는 길에 하도 징징거려 하유한테 쌀과자를 하나 물려줬더니 조금 먹다가 잠이 들어버렸습니다. 먹다 잠들다니 뭔가 너무 귀엽네요. 많이 졸렸나 봅니다. 하지만 자면서도 손가락으로 과자를 꽉 쥐고 있네요. 절대 놓지 않는 과자, 무서운 집념입니다.

잠에서 깨어났을 때 허전할까봐 그냥 뒀는데 장을 다 보고 집에 올 때까지 끝까지 쥐고 있었습니다. 너란 아이, 대단하다는 말밖에 할 말이 없다.

2015년 8월 19일 유태인 육아법

시골 밭에서 포도 몇 송이를 따왔습니다. 집에 들어오니 거실에 있던 하유가 엄청난 속도로 저한테 기어오더니 호기심 가득한 눈으로 쳐다보네요. 정확히는 포도를 쳐다보네요. 포도의 단 냄새 때문일까요? 포도에서 눈을 떼지 못하는 하유.

유태인들은 아기에게 포도를 껍질째 준다고 합니다. 오물오물 혀로 껍질과 씨를 발라내면서 스스로 먹을 수 있는 기회를 준다는데, 설령 씨를 삼킨다 해도 변으로 나오니 크게 걱정하지 않는다고 합니다. 하지만 저는 해보지 못했어요. 나름 아이주도 이유식(BLW)을 하고 있지만, 뭔가 껍질과 씨를 통째로 주는 건 위험해 보였거든요.

하지만 아기에게 스스로 무언가를 할 수 있는 기회를 주는 유태인들의 육아 철학은 굉장히 마음에 듭니다. 나도 하유에게 혼자 스스로 할 수 있는 상황을 최대한 많이 만들어주려고 노력하는데, 한편으로는 잘하고 있는 건지 걱정도 많았거든요. 하지만 유태인의 육아법을 보고 조금 마음이 편해졌습니다.

2015년 8월 21일 아기가 깨물어요

앞니 두 개가 불쑥 많이 올라오면서 하유는 요즘 아내와 저를 자꾸 깨뭅니다. 으흐흐흐 소리 내며 웃으면서 기어와 앙! 하고 깨물어버리는 하유. "앗! 아파! 그러면 안 돼."라고 단호하게 말해도 하유는 그저 웃기만 하네요. '아기가 깨물어봤자 얼마나 아프겠어?' 하고 생각할 수도 있지만 한 번 물리면 치아 자국이 선명하게 남아 있습니다. 정말 아파요. 그리고 깨물 때는 부위를 가리지 않죠. 팔뚝, 허벅지, 귀 심지어 볼까지. 하지만 차차 좋아지겠죠?

2015년 8월 24일 친밀 관계 높이는 방법

하유와 함께 마트에 갔습니다. 하유는 이제 카트에도 앉을 수 있게 되었죠. 재미있는지 꺅꺅! 소리를 지르며 좋아하는 하유. 누굴 닮은 건지 겁이 없네요. 저는 어릴 때 겁이 많았다는데, 이런 부분은 아내를 닮았나 봅니다. 그래도 안전은 생각하는지 카트를 양손으로 꽉 잡고 있는 하유, 너무 귀여워요. 아내가 하유에게 쌀과자를 건네는데, 그러고 보니 아내는 쌀과자를 줄 때마다 자기도 먹습니다.

"왜 하유 꺼 자꾸 먹어?"라고 물어보니 아내가 말합니다.

"먹고 싶어서 먹는 게 아니라 하유랑 같은 음식을 먹으면서 친밀감을 높이는 거야."

아, 핑계가 그럴싸한데요.

2015년 9월 5일 베이비 사인

요즘 아내랑 굉장히 열심히 하고 있는 게 바로 베이비 사인입니다. 베이비 사인이란, 말을 못하는 아기랑 의사소통을 하기 위해 서로 주고받는 몸짓이나 표정 따위의 신호를 말하는데, 반복하다 보니 은근 잘되는 것 같더라고요. 처음 시도했던 사인은 두 손을 공손히 모은 동작으로 '주세요'였는데 과자를 줄 때 아내와 내가 두 손을 모으는 동작을 며칠간 반복하면서 보여주니 하유도 두 손을 모으며 씨익 웃었어요. 그때 그 동작이 머릿속에 각인되었는지 요즘은 뭘 먹고 싶으면 꼭 두 손을 모으네요.

이외에도 외출할 때마다 "나가자."라는 말을 하면서 손짓을 하면 나중에 나가고 싶을 때는 그 손짓을 따라 한다고 해요. 아직 다양한 사인을 시도하지는 못했지만 몇 가지만 익히면 확실히 하유 마음을 알 수 있어 육아에 큰 도움이 될 것 같아요. 그리고 베이비 사인을 익혀 의사소통을 빨리 한 아이는 아이큐가 상대적으로 높아진다는 연구 결과도 있어요.

물론 한 가지 베이비 사인을 완성하기 위해서는 많은 노력이 필요하겠지만, 긍정적인 부분이 많아 도전해볼 만한 것 같습니다. 사실 이런 거 없이 후딱 대화가 통하는 날이 왔으면 좋겠지만, 막상 그런 날이 오면 너무 빨리 지나가버린 지금을 아쉬워하겠죠. 아쉬워하지 않게 하루하루 천천히 하유의 모습을 눈에 많이 담아둬야겠습니다.

2015년 9월 8일 나도 먹어보고 싶어요

아내가 말했습니다. "치킨 먹고 싶다."

하유 할아버지가 말했습니다. "내가 사줄게 가자~"

화기애애한 시아버지와 며느리의 대화. 차를 타고 출발하는데 할아버지가 말했습니다. "아, 맞다. 휴대폰 충전한다고 카드를 두고 왔네. 다시 집에 갔다 와야겠다."

그러자 아내가 말했습니다. "당신 돈 가져왔어? 나 깜빡하고 지갑을 안 가지고 나왔네."

아, 뭐죠? 저는 오늘 치킨 별로 안 먹고 싶었는데 서로 산다고 막 그러더니 결국 제가 샀네요. 하유는 치킨 냄새가 좋은지 상자에서 눈을 떼지 못하네요. 하지만 아내의 철벽 같은 방어로 하유는 치킨 근처에도 오지 못했죠. '주세요' 눈빛으로 애교도 부려보고, 으르렁으르렁 소리를 내며 위협을 해봐도 전혀 미동도 없는 아내. 하유는 한참 멍 때리며 지켜보다 뭔가 생각이 났는지 부스터 쪽으로 기어가 부스터를 만지작만지작해봤지만 아무도 치킨 앞에서 관심을 주지 않았어요.

하유야, 미안해. 아빠가 내일 닭 가슴살 삶아줄게!

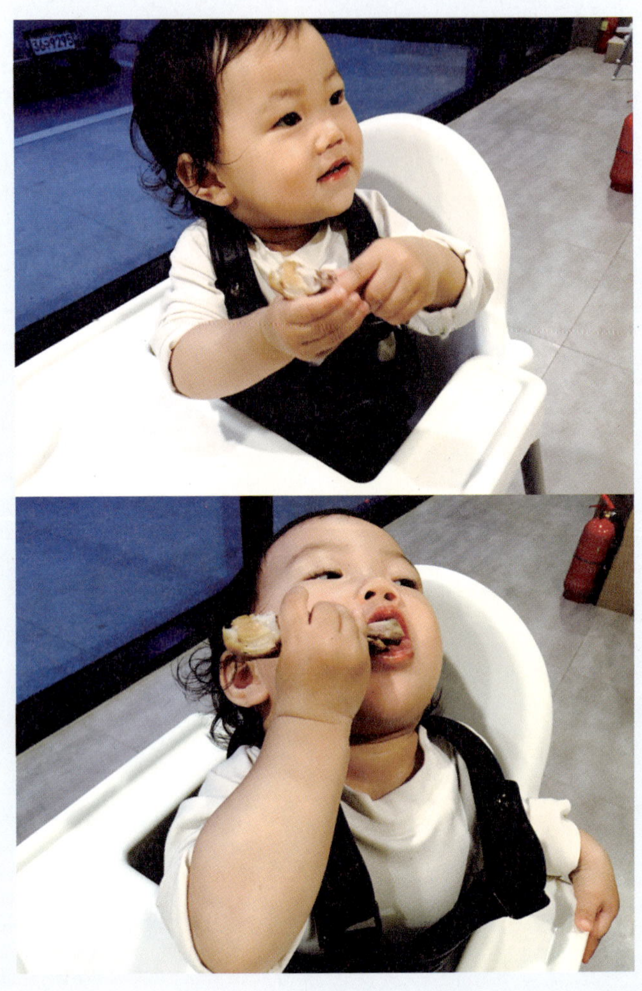

2015년 9월 11일 8개월 치아 개수

오늘 하유는 징징거림의 끝을 보여줬습니다. 항상 잘 웃기만 하던 아이가 이러니 더 난감하네요. 어디 아픈가 싶어 열을 재봤는데 37℃. 평소보다 살짝 열이 있긴 하지만 걱정할 정도는 아니고, 왜 이럴까요? 하유를 관찰하다 어라? 오늘따라 치아가 유독 많아 보이네요. 세어보니 윗니 두 개와 아랫니 두 개는 완벽하게 올라왔고, 추가로 윗니 두 개와 아랫니 한 개는 반쯤 올라왔고, 거기에 아랫니 한 개가 더 올라오려고 합니다.

이러면 전부 여덟 개인데 아직 다 올라온 건 아니지만, 8개월에 치아 여덟 개라니 괜찮은 거겠죠? 요즘 맨밥도 그냥 씹어 먹는 하유, 이유가 있었습니다.

2015년 10월 12일 하유 관찰 일기

하유는 제가 생각했던 거보다 더 개구쟁이였고 할아버지, 아내 그리고 제 행동을 똑같이 따라 합니다. 지금까지 폰을 입에만 넣는 줄 알았는데 혼자 터치를 옆으로 밀면서 사진첩을 보고 있었어요. 에어컨 리모컨은 에어컨 쪽을 향해, TV 리모컨은 TV 쪽을 향해 혼자 들고 전원 버튼을 눌렀어요. 내가 아끼는 물건들에 침을 바르며 영역 표시를 한다는 것도 알게 되었습니다.

그리고 엄마가 안 보면 혼자 물티슈를 뽑아 수분 섭취하는 걸 굉장히 좋아하고, 간식으로 내 명함을 씹어 먹는 걸 좋아한다는 것도 알게 되었습니다. 손을 짚고 일어서는 줄만 알았는데 손을 떼고 3~4초 정도 혼자 뒤뚱뒤뚱 균형을 잡으려고 서 있기도 합니다. 오늘은 아빠가 계속 놀아줘서 기분이 좋았는지, 제 품에 안겨 잠이 들었습니다.

우리 하유, 앞으로도 아빠랑 좋은 추억 많이 만들자. 아빠가 항상 지켜줄게.

CHAPTER 04

아이주도 이유식(BLW)

아이주도 이유식(BLW)은 결국 아이가 스스로 밥을 먹을 수 있도록 연습하는 과정입니다. 아이 스스로 즐겁게 식사를 할 수 있고, 식재료 본연의 맛과 향 그리고 색감과 질감을 배우며 씹는 기술과 방법을 익힙니다. 더불어 오감 발달은 물론, 눈과 손의 협응과 함께 소근육 발달에도 도움을 줍니다. 하지만 아이의 상태에 따라 시작 시기가 다를 수 있으니 테스트를 해본 후 아이주도 이유식을 시작해보세요.

1
아이주도 이유식(BLW) 방법

하유의 이유식은 앞서 말했듯 아이주도 이유식(Baby-Led Weaning, BLW)에서 착안하여 대부분 손으로 직접 먹을 수 있도록 하고 있습니다. 이유식의 목적은 결국 스스로 먹을 수 있도록 연습하는 과정입니다. 따라서 엄마와 아빠는 아이에게 그 기회를 제공해야 합니다. 아이주도 이유식(BLW)은 자연스럽게 그러한 기회를 제공하는 최고의 방법 중 하나입니다. 왜냐하면 처음부터 아이 스스로 먹을 수 있도록 도와주니까요.

아이 스스로 이유식을 먹다 보면 상당히 많은 장점을 발견할 수 있습니다. 우선 아이가 즐겁게 식사를 할 수 있고, 식재료 본연의 맛과 향 그리고 색감과 질감을 배우며 씹는 기술과 안전하게 먹을 수 있는 방법도 익힙니다. 더불어 눈과 손의 협응력을 키울 수 있으며 오감 발달은 물론, 손가락을 많이 움직여 손 조작 능력과 소근육 발달에도 도움을 줍니다. 하유 역시 작은 물건도 곧잘

집어 올리며 손가락이 많이 섬세한 편입니다. 물론 아이마다 발달 과정이 다르겠지만 스스로 음식을 먹기 위해 손을 많이 사용했던 부분이 큰 영향을 끼쳤을 거라 생각합니다.

아이주도 이유식(BLW)이라 해서 뭔가 거창하거나 어려워 보일지 모르지만, 알고 보면 방법도 굉장히 심플합니다. 6개월쯤 되면 아이는 엄마 아빠가 먹는 음식에 관심을 보이기 시작하고 열심히 입으로 무엇이든 가져가는 시기가 찾아옵니다. 그때 손을 깨끗하게 씻긴 다음 유아용 의자에 앉혀 아이에게 음식을 주고 함께 식사를 합니다. 그러면 아이는 음식을 탐색합니다. 만져보고 뭉개보고 냄새도 맡아보고 먹어보고 던져보고…. 처음부터 엄마 아빠가 원하는 만큼 먹지는 못하지만 이 과정을 통해 아이는 스스로 먹는 방법을 익히게 됩니다.

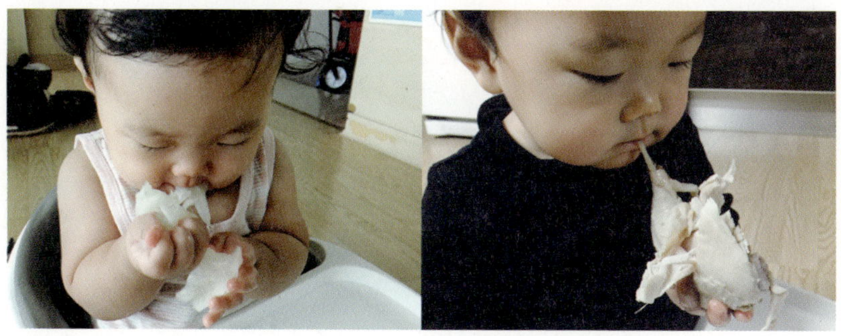

2

스틱 이유식

아직 손을 조작하는 능력이 미숙한 아이를 위해 잡기 편하게 음식을 스틱 형태로 만들어 주면 됩니다. 스틱 형태의 이유식은 아이가 받아들일 수 있다는 신호를 보내면 시작하세요. 평균적으로 4~5개월쯤 무엇이든 입으로 가져가는 구강기가 시작됩니다. 하지만 아직은 모든 게 어설프죠. 살짝 구강기가 익숙해지는 6개월쯤 되면 아이가 앉아 있을 때 허리도 펴지고 스스로 물건을 집어 입으로 가져가는 행동도 어느 정도 자연스럽게 됩니다. 그때 스틱 이유식을 시작하면 좋습니다.

미숙아인 경우나 행동 발달은 아이마다 다를 수 있으니 반드시 아이의 상태를 지켜보면서 스틱 이유식을 시작해야 합니다. 스틱 이유식을 시작하기 전에 테스트해볼 수 있는 방법 중 하나는 부드러운 쌀과자를 먹여보는 겁니다. 아이가 쌀과자를 앞니로 끊어 먹을 수 있는지, 혀와 잇몸을 이용해 질겅질겅 녹여 먹을 수 있는지 테스트를 해본 다음 스틱 이유식을 시작하는 게 좋습니다.

쌀과자는 유기농 제품으로 화학 첨가물이 전혀 없는 제품으로 준비하세요. 단맛을 주는 아스파탐이나 사카린이 첨가된 쌀과자를 줘서는 안 됩니다.

◇◇◇ 스틱 이유식 만들기

아이가 손으로 잡기 편하게 만드는 방법 중 하나입니다. 앞으로 소근육이 발달하면 더욱 작은 형태로 만들어도 아이는 혼자 집어 먹을 수 있습니다. 아이에게 세 가지 스틱 형태의 식재료를 제공합니다.

처음부터 영양을 생각해서 조합에 크게 신경 쓰지 않아도 돼요. 영양을 섭취한다기보다는 앞으로 잘 먹기 위해 탐색하는 시간이니까요. 만지고 던지고 빨고 으깨고 어떠한 상황에서도 제지하지 말고 지켜봐주세요. 탐색이 끝나면 아이 스스로 음식을 먹으니까요.

채소
브로콜리
브로콜리는 흐르는 물에 깨끗이 씻는다.
끓는 물에 10분간 익혀서 준다.

당근

당근은 껍질을 벗기고
새끼손가락 길이만큼 자른다.
끓는 물에 10분간 익혀서 준다.

채소
콜리플라워
콜리플라워는 흐르는 물에 깨끗하게
씻어 끓는 물에 10분간 익혀서 준다.

채소

양배추

양배추는 직사각형으로 잘라
끓는 물에 익히거나
찜통에 찐 다음
식혀서 준다.

채소

감자

감자는 껍질을 벗기고 스틱 형태로 자른 후 끓는 물에 10분간 익혀서 준다.

채소

오이

오이는 껍질을 벗기고
씨를 제거한다.

육류

소고기

소고기 안심을 익혀서 준다
(스틱 형태로 잘라 줘도 좋고
다져서 줘도 좋다).

육류

닭고기

닭고기는 안심을 익혀서 준다
(스틱 형태로 찢어지게 잘라서 줘도 좋고
다져서 줘도 좋다).

과일
포도
흐르는 물에 깨끗이 씻어
껍질을 벗기고
씨를 제거해서 준다.

과일
바나나
껍질을 벗기고 새끼손가락 길이로
잘라 준다.

과일

사과

껍질을 벗기고 슬라이스해서 줘도 좋고
치아가 올라온 경우라면 크게 잘라 줘도
조금씩 베어 문다.

과일

배

겁질을 벗겨 슬라이스해서 줘도 좋고 치아가 올라온 경우라면 크게 잘라 줘도 조금씩 베어 문다.

과일
블루베리
흐르는 물에 깨끗이 씻어
반으로 잘라 준다.

3

아이주도 이유식(BLW) Q & A

Q 언제 먹여야 하나요?

A 아이주도 이유식(BLW)은 아이가 음식에 관심을 보이고 손으로 물건을 집어 입으로 가져가는 6개월 무렵부터 시작할 수 있어요. 부모와 아이가 함께 앉아 식사를 하는 거예요. 음식을 쉽게 먹을 수 있게 도와줄 수는 있지만, 그 외에는 아이 혼자 먹는 거죠. 함께 식사를 시작해서 함께 끝날 수 있게요. 통상적으로 분유를 먹는 아기는 더 일찍 이유식을 시작해요. 그럴 때는 미음 혹은 퓌레 형태의 이유식으로 시작해도 좋아요.

Q 어떻게 먹여야 하나요?

A 아이주도 이유식(BLW)이란 아이가 손으로 집어 먹을 수 있도록 채소나 고기, 과일을 제공하는 방법이에요. 손으로 잡기 편하게 자른 다음 부드럽게 익혀서 주는 거죠. 사실 거창하거나 특별한 방법은 없어요. 그냥 음식을 주면 아이 스스로 탐색한 다음 입으로 가져가 먹는 거죠. 그렇게 스틱 이유식을 먹으며 다양한 연습과 시행착오를 통해 점차 어른과 같은 식사를 하게 됩니다.

Q 치아가 없는데 어떻게 씹어 먹나요?

A 흔히 이가 없으면 잇몸으로 산다고 하잖아요. 사실 저는 못할 거 같은데 아이한테는 적용되더라고요. 이가 없으면 잇몸으로 잘게 으깨서 잘 먹어요.

Q 수저는 언제부터 잡나요?

A 아이주도 이유식(BLW)을 하는 아이들은 손으로 음식을 먹어 수저와 멀어질 거 같지만 절대 그렇지 않아요. 부모가 손으로 음식을 먹지 않는 한 아이도 부모를 똑같이 따라 하기 때문에 수저를 달라고 요청할 거예요. 오히려 아이주도 이유식(BLW)을 한 아이는 소근육의 발달로 나중에는 수저질을 더 잘하는 모습을 볼 수 있어요.

Q 죽 이유식과 병행하고 싶은데 어떻게 해야 하나요?

A 지금까지 죽 이유식을 잘 먹는 아이라면 굳이 아이주도 이유식(BLW)으로 100% 전환할 필요는 없어요. 그러나 간식을 주거나 저녁 한 끼라도 아이에게 스스로 음식을 탐색하고 먹을 수 있는 기회를 주세요. 저는 굉장히 좋은 방법이라고 생각해요. 죽 이유식을 잘 먹는 아이라도 음식을 직접 손으로 만져보려고 하는 시기가 찾아와요. 이때 그것을 못하게 하면 이유식의 정체기가 찾아오죠. 이유식을 거부할 수도 있어요. 그럴 때 아이주도 이유식(BLW)을 병행하면 좋은 대안이 될 거예요.

Q 아이주도 이유식(BLW)을 잘 안 먹으려고 하면 어떻게 해야 하나요?

A 처음부터 아이주도 이유식(BLW)을 진행한 경우도 계속하다 보면 어느 순간 정체기가 찾아와요. 장난만 치고 잘 안 먹는 거죠. 그럴 때는 죽이나 수

프 등 부드러운 음식을 병행하는 게 좋아요. 또 아이의 마음을 잘 읽어주는 게 좋아요. 하유의 경우는 화가 난 듯 울면서 음식을 던지더니 뭔가를 요구하더라고요. 포크를 줘도 싫어하고, 숟가락을 줘도 싫어하더니 제가 쥐고 있던 젓가락을 주니 만족해하면서 젓가락으로 음식을 집어 먹으려고 했어요. 이때는 아이의 마음을 읽어주는 게 참 중요해요. 말로 정확하게 표현하지 못할 뿐 아이도 분명 하고 싶은 게 있으니까요.

Q 생선은 언제부터 먹이나요?

A 초기에는 생선을 일단 피하는 게 좋아요. 생선의 뼈가 목에 걸릴 수도 있으며 생선 속 수은 역시 주의해야 하죠. 수은이 몸에 많이 축적되면 신경계에 영향을 줄 수 있어요. 하지만 적당량의 생선을 먹이는 건 영양에 굉장히 좋답니다. 이유식으로는 가자미와 대구 같은 잔가시가 없어 손질이 편한 흰살 생선을 추천해요. 생선살은 쪄도 좋고 완자처럼 만들어도 좋고 달걀 물을 입혀 전처럼 구워도 좋아요. 알레르기 반응이 없다면 7개월부터 충분히 주세요.

Q 돼지고기는 언제부터 먹이나요?

A 보통 돼지고기 안에는 유구촌충이라는 식중독 균이 있기 때문에 12개월 이후에 섭취를 권장해요. 하지만 조금 더 일찍 주셔도 무관하답니다. 유구촌충이란 돼지고기를 날것 또는 덜 익혀 먹었을 때나 인분을 먹은 돼지를 먹었을 때 감염 확률이 높아져요. 하지만 국내에서는 환경이 많이 개선되어 현재 감염자를 찾기가 어려울 정도로 감소했어요. 단 제대로 익히고 비계 부분은 제거해주세요. 기름이 많으면 소화시키기 어려우니까요.

Q 돌 이전에 피해야 할 음식들이 있나요?

A 알레르기는 이물질이 몸속에 들어왔을 때 면역계가 과민반응을 보이는 현상을 말해요. 개월 수가 어리면 어릴수록 소화기간이 미숙해 새로운 음식을 이물질로 오인해 알레르기 반응을 보일 수 있어요. 사실 알레르기란 아이들마다 모두 다르기 때문에 염려스러운 식재료는 세심하게 살펴볼 필요가 있어요. 특히 가족 중에 식품에 대한 알레르기가 있다면 더욱 조심해야 해요. 하지만 알레르기가 없는 아이들은 사실 돌 이전과 돌 이후로 나눌 필요 없이 모두 섭취 가능해요. 단, 아몬드와 호두 같은 단단하고 통으로 된 견과류는 호흡기관을 막을 수 있어 위험하며 체리, 자두 같은 과일은 씨앗을 제거해 주어야 하고 방울토마토 같은 경우는 반으로 잘라주는 게 좋아요. 그리고 찹쌀떡 역시 흡인의 위험이 있어 피하시는 게 좋아요.

Q 아이주도 이유식은 언제까지 해야 하나요?

A 치아가 올라오고 점차적으로 씹는 기술과 손 조작 능력이 발달하면서 숟가락과 포크를 사용하게 되고 어른과 같은 음식을 먹을 수 있는 시기가 찾아오면 아이주도 이유식은 끝이 나요. 죽 이유식 역시 마찬가지죠. 묽은 죽부터 점점 된 죽을 먹이다 어른과 같은 음식을 먹을 수 있는 시기가 찾아오면 죽 이유식은 끝이 나고요. 다른 점은 아이주도 이유식은 스스로 먹는 식습관을 만들어주는 게 목표라는 것이에요. 스스로 먹을 수 있는 연습을 더 일찍부터 하는 거죠. 그래서 이유식을 마무리하는 단계가 훨씬 더 빨리 찾아온답니다.

Q 철분 섭취를 위해 매일 소고기를 먹여야 하나요? 아이가 소고기를 싫어해요.

A 6개월 이후에는 철분 섭취를 위해 매일 소고기를 먹이라는 이야기가 많은데 사실 저는 크게 그 방법을 찬성하는 편은 아니에요. 물론 소고기는 철분이 많이 함유되어 있으며 그 외에도 영양이 풍부해 아이의 성장 발달에 큰 도움을 주지요. 하지만 꼭 매일 매일 소고기를 먹일 필요는 없다고 생각해요. 다른 식재료에서도 철분은 섭취 가능하니까요. 하유 역시 소고기보다 닭고기를 더 좋아합니다. 아이가 소고기를 안 먹는다고 너무 스트레스 받지 마시고 다양한 식재료를 이용해 이유식을 만들어주세요.

Q 아이주도 이유식은 하루에 몇 번을 먹여야 하나요?

A 처음에는 부모의 식사시간에 아이를 참여시켜주세요. 아이에게 간단한 스틱 이유식을 만들어 3~4가지 정도 제공한다면 아이는 배고픔을 떠나 식사시간을 만지고 탐색하고 놀이처럼 여기며 익숙해진답니다. 그러다 점차적으로 이유식을 먹기 시작하죠. 죽 이유식을 베이스로 아이주도 이유식을 병행하실 분들은 기본적으로 죽을 먹이며 간식 형태로 아이주도 이유식에 도전해보세요. 그러다 점차 익숙해지면 아이와 가족이 다함께 식사할 수 있는 저녁 시간에 맞춰 아이주도 이유식에 도전하시면 좋답니다.

Q 핑거 푸드의 질감은 어느 정도로 익혀야 하나요?

A 채소 같은 경우는 너무 부드럽게 익히면 손으로 만졌을 때 심하게 으깨지고 반대로 덜 익혀 딱딱하면 아이가 먹기 힘이 들어요. 너무 퍼지게 익히지 않는 선에서 부드러운 상태가 좋아요.

Q 핑거 푸드는 어떻게 제공해야 하나요?

A 우선 가장 좋은 방법은 하루에 최소 우리 몸에 필요한 5대 영양소에 속한 음식을 제공하는 거에요. 물론 초기 탐색 시기에는 꼭 영양소를 지키지 않아도 되고요. 하지만 5대 영양소를 골고루 사용해 음식을 만들어주면 아이에게 영양적으로 균형잡힌 식습관을 형성 시킬 수 있어요. 가장 쉽게 생각할 수 있는 베이스는 채소+고기+밥을 주는 거에요. 브로콜리, 당근은 데치고 닭고기는 다지거나 스틱 형태로 만들어 뜯어먹을 수 있게 하고 한입 크기로 밥을 둥글게 만들면 한 끼 완료. 이렇게 말로 적으면 뭔가 많아 보이지만 실제로 한 끼를 차려보면 굉장히 편하다는걸 느낄 수 있어요. 어른과 먹는 음식이 중복되니까요. 밥 대신 감자, 고구마, 빵, 면 등 다양한 탄수화물로 변형할 수 있고, 채소 역시 다양하게 줄 수 있습니다. 고기 역시 다지거나 스틱 형태로 줘도 좋지만 다른 채소와 섞어 완자로 만들어도 좋답니다.

Q 책에 소개된 레시피는 어떤 순서로 먹여야 하나요?

A 이유식 시작 시기에 따라 방법이 달라져요. 6개월보다 일찍 이유식을 시작하려는 분들은 미음부터 만들어주세요. 책에 소개된 모든 미음을 만들어줄 필요는 없으며 몇 가지 마음에 드는 것을 위주로 만들어주면 좋아요. 그다음 퓌레로 넘어가주세요. 퓌레를 먹이다보면 평균적으로 6~7개월쯤 아이 스스로 손으로 무언가를 잡고 입으로 가져가려는 시기가 찾아와요. 그러면 토핑을 올린 퓌레 혹은 스틱 이유식을 제공해 스스로 탐색할 기회를 주세요. 스틱 이유식은 한번 제공할 때 3~4가지씩 주면 좋아요. 스틱 이유식을 어느 정도 잘 다루게 되면 그때부터는 하유가 좋아하는 레시피를 만들어주면 좋아요. 우선 매쉬 볼부터 도전해보세요. 점차적으로 눈과 손의 협응력과 손 조작 능력, 씹는 기술이 발달하므로 닭다리를 손으로 들고 뜯어 먹거나 파

스타 혹은 면을 먹을 수 있는 시기가 금방 찾아온답니다. 'Chapter05 하유가 좋아하는 아이주도 이유식(BLW) 레시피'에 소개된 음식까지 아이가 먹을 수 있게 되면 이유식은 끝이 나요.

Q 아이주도 이유식(BLW)을 하면서 모유는 얼마나 먹여야 하나요? 그리고 어떻게 줄여나가야 하나요?

A 모유를 먹이든, 분유를 먹이든 초기에는 이유식과 수유를 별개로 보셔야 해요. 모유 혹은 분유를 많이 먹어서 이유식을 적게 먹는다는 분들이 많은데 이유식이 모유나 분유 보다 풍부한 영양을 가지고 있지는 않아요. 그러므로 모유의 양이 줄지 않는다고 너무 걱정하지 않으셔도 돼요. 시간이 지나면서 자연스럽게 이유식을 먹는 양이 늘어나면서 모유에 대한 욕구가 줄어들고 수유 횟수도 줄어들어요.

4

이유식 분량에 대해

많은 분이 궁금해하는 부분인데, 하루에 정해진 이유식 양에 대한 질문입니다. 이 책에서 편의상 권장하는 1인분을 표기했지만 아이마다 먹는 양이 다르기 때문에 너무 양에 연연하지 않았으면 합니다. 아이주도 이유식(BLW)을 하다 보면 어느 정도 먹었는지 확인하기 어려운 경우가 많습니다. 처음에는 이게 먹는 걸까 하는 의구심이 들 정도로 장난만 치는 경우도 있어요.

하지만 양을 조금 넉넉하게 만들어 아이에게 스스로 먹을 수 있도록 제공한다면 아이는 스스로 식욕을 조절하는 법을 배우게 됩니다. 배가 고프면 먹고, 배가 고프지 않으면 알아서 멈추는 겁니다. 하지만 직접 떠먹이면 그 부분을 조절하기 어려워집니다. 부모의 마음은 한결같으니까요. 많은 부모들이 항상 아이가 충분히 먹지 않았다고 생각합니다. 한 숟가락만 더, 한 숟가락만 더라며 자꾸 먹이게 되고 아이가 필요로 하는 양보다 과식하게 되는 경우가 많습니다.

극단적인 상황에서는 아이가 음식을 거부할 수 있고, 정상적인 식욕 조절을 할 수 없게 됩니다. 또한 아이의 저작 능력을 고려한 먹는 속도를 부모는 조절할 수 없습니다. 아이들은 생각보다 오랫동안 입안에 음식을 넣고 씹어 먹습니다. 하지만 밀려오는 부모의 숟가락에 아이는 빨리 먹는 습관에 길들어지고, 소화 장애나 소아 비만 등 다양한 질병에 노출될 가능성이 높아집니다.

눈에 보이는 음식의 양에 집착하지 말고, 아이에게 먹는 양과 속도를 스스로 익혀 조절할 수 있도록 기회를 줘야 합니다. 그러면 아이가 정상적으로 성장할 수 있을까 걱정하는 부모도 많을 거라 생각합니다. 저 역시 처음 아이주도 이유식(BLW)을 시작하면서 그랬으니까요. 가장 큰 걱정은 몸무게와 키였습니다. 하유는 크게 태어나 성장지표가 90% 이상이었습니다. 90%대를 계속 유지하다 아이주도 이유식(BLW)을 시작하면서 수치가 떨어져 건강검진을 받았을 때 75%까지 떨어졌습니다. 그때 가장 큰 고민을 했습니다. 잘 안 먹어서 그런가 하는 걱정도 많았지만, 시간이 지나서 생각해보니 하유 스스로 식욕을 조절하는 방법을 배우면서 비만을 방지하고 적당한 몸무게를 유지하게 된 게 아닌가 생각합니다. 지금도 75%대를 유지하며 건강하게 잘 크고 있으니까요.

소아 청소년 표준 성장도표 확인하는 방법

네이버에 '아기 성장 발달'이라고 검색하면 키와 체중 그리고 생년월일을 입력하는 칸이 나와요. 거기에 입력하면 우리 아이가 잘 자라고 있는지 수시로 확인이 가능합니다.

5

아이주도 이유식(BLW) 질식의 위험성

저도 처음 아이주도 이유식(BLW)을 시작했을 때 이 부분이 정말 무섭고 걱정되었습니다. 실제로 하유도 처음에는 열심히 먹다가 헛구역질을 많이 했어요. 그렇다고 그런 모습이 질식할 만큼 위험한 건 아니니 크게 걱정하지 않아도 됩니다. 헛구역질을 하는 것을 구역질 반사라고 합니다. 구역질 반사를 통해 아이는 음식 다루는 방법을 익히게 됩니다. 음식을 기도에서 멀리 유지하는 방법을 익히는 거죠.

'아, 내가 너무 많이 혹은 깊게 입에 넣었구나…' 하고 깨닫게 되는 거죠. 몇 차례 반복하면서 깊게 넣으면 안 되는구나를 스스로 익히는 겁니다. 하유도 처음에는 헛구역질을 하다가 점점 횟수가 줄어들고 그러다 스스로 조절하면서 헛구역질이 아예 사라졌습니다. 이렇게 스스로 익히게 된다면 나중에는 숟가락으로 묽은 음식만 먹었던 아이보다 위험에 노출되는 확률이 현저히 줄어든다고 합니다. 묽은 음식만 받아먹었던 아이는 삼키는 것에 익숙해져 덩어리 음식도 삼킬 확률이 크니까요. 그래도 혹시 모를 위험에 대비해 아이가 식사할 때 항상 지켜보세요.

6

아이주도 이유식(BLW)의 장점

아이주도 이유식(BLW)의 장점은 굉장히 많아요. 아이가 식사 시간을 좋아하게 되죠. 사실 이보다 좋은 장점이 있을까요? 또한 음식을 배울 수도 있어요. 식재료 고유의 향과 맛을 익히고 탐색하면서 진짜 음식을 배우는 거죠. 이외에도 상당히 큰 이점이 있어요.

1 ◇◇◇ 손과 눈의 협응 발달

아동 발달에 있어 손과 눈의 협응은 무척 중요해요. 협응이란 운동기관, 신경기관, 근육 등 움직임의 상호작용을 말합니다. 식재료를 눈으로 보고 손으로 만지고 입으로 가져가면 신경세포 간에 새로운 시냅스가 연결되면서 뇌의 활성화가 이루어진다고 해요.

발달 단계를 보면 처음에는 반복적으로 눈으로 탐색하다가 손을 뻗어 물건을 잡는 능력이 보통 5개월부터 시작돼요. 처음에는 손 전체를 이용해서 불안전하게 잡기 시작하지만 점차 잡는 기술이 좋아지죠. 10개월부터는 혼자서 식사할 수 있게 됩니다. 종이에 그림을 그리고, 수저를 사용하는 것도 눈과 손의 협응 능력이 정교해져 확장된 행동이에요. 아이주도 이유식(BLW)은 확실히 손과 눈의 협응력을 도와 아이의 신체와 두뇌의 발달에 좋아요.

2 ◇◇◇ 오감 발달

아이주도 이유식(BLW)을 하다 보면 따로 오감 발달 놀이를 하지 않아도 됩니다. 식재료를 탐색하는 과정에서 이미 눈으로 보고, 만져보고, 냄새를 맡아보고, 먹어보는 등 식사 시간 자체가 오감 발달 놀이인 셈이죠. 이 부분이 아이에게 얼마나 좋은지는 더 이상 말하지 않아도 충분히 알 겁니다. 따로 문화센터에 다니거나 집에서 오감 발달 놀이를 준비하지 않아도 됩니다.

3 ◇◇◇ 자신감 상승

아이는 스스로 무언가를 해냈을 때 자신감이 높아져요. 아이가 혼자서 음식을 만져보고 먹으면서 자신감뿐만 아니라 자존감도 높아지죠. 자신감은 어떤 일을 탐구할 수 있는 힘의 원천이 돼요. 도전을 두려워하지 않는 용감한 아이로 자랄 것입니다.

4 ◇◇◇ 좋은 식습관 형성

아이주도 이유식(BLW)은 좋은 식습관을 형성하는 데 있어 첫걸음이라고 생각해요. 가족과 함께 식사하는 경험을 할 수 있고 익숙해지면 외식도 두렵지 않죠. 육아에 있어 가장 힘든 부분은 아마도 밥과의 전쟁이 아닐까요. 아이주도 이유식(BLW)은 굉장히 든든한 아군이 되어줄 거예요.

하지만 아이주도 이유식(BLW)에도 유일한 단점이 있어요. 바로 아이가 음식을 다 먹고 나서 부모 몫으로 남겨진 청소입니다. 사실 이 부분이 상당히 힘듭니다. 그래도 익숙해지면 금방 좋아지니까 너무 걱정하지 마세요.

Special page

아빠의 육아 3

2015년 10월 22일 아기 의자 거부

하유랑 커피숍에 갔는데 의자를 거부했습니다. 어라, 이런 적이 한 번도 없었는데 급당황했네요. 아내와 함께 오랜만에 커피숍에서 휴식을 취하며 대화의 장을 열어볼까 했는데, 하유가 매장이 떠나가라 울면서 발을 빼고 탈출까지 성공하면서 우리는 커피를 테이크아웃해서 집으로 가기로 했습니다. 하지만 커피숍을 나와 조금 걸으니 바로 잠드는 하유. 아이쿠~ 졸려서 그랬나 봅니다. 잘 때는 천사가 따로 없네요. 다시 들어갈까 고민하다 살짝 민망하기도 해서 그냥 집으로 갔습니다.

꼬불꼬불~ 하유의 매력적인 헤어스타일. 머리카락이 길어지면서 곱슬거림이 살짝 죽긴 했는데, 옆머리는 계속 곱슬곱슬하네요. 처음에는 곱슬거림이 싫어 나중에 펴줄까 했지만 요즘은 뭔가 웃기기도 하고 귀엽기도 하고 머리카락이 더 길어지면 사라질까봐 아쉽기도 합니다. 지금 많이 봐둬야겠어요.

2015년 10월 23일 아기 관상

어떤 할머니가 길에서 하유가 너무 귀엽다며 말을 걸었습니다. 13남매를 키워서 아기 때 얼굴만 봐도 어떻게 클지 단번에 안다는 할머니. 13남매라니 육아계의 살아 있는 전설을 만났습니다.

하유는 귀가 잘생겨서 재물복도 많고, 장차 큰일을 할 거라고 합니다. 그리고 손가락 움직임이 많고 야물어 부지런하고 성실한 아이가 될 거 같다는 할머니. 거기에 "옹알이도 잘하지?"라는 할머니 질문에 "네."라고 대답하니 입술만 보면 안다고 합니다. 눈빛도 초롱초롱해 크면 공부도 잘하고 넙대대 귀엽게 잘생겼다는 말씀. 계속 이어지는 칭찬에 아내와 저는 기분이 좋았습니다.

그러다 할머니가 말했습니다. "근데 왜 사내놈을 핑크로 입혀놨어?" 으응? 여자아이인데….

2015년 10월 27일 아기 재우는 노하우

아내는 하유를 재우다 파업을 선언했습니다. 너무 피곤하다며 도저히 자신이 없다고 합니다. 저보고 하유를 재워달라는데, 저라고 뭐 뾰족한 수가 있나요. 아무 생각 없이 등을 만져주면서 "하유야 어서 자자."라고 말을 걸었는데 진짜로 잠이 들어버렸습니다. 대박. 그것도 10분 만에요. 우연인가 해서 낮잠을 잘 때 다시 시도해봤는데 또 먹혔습니다. 연속으로 성공하니 자신감 충만! 아내에게 자랑했습니다.

"봐봐! 내가 또 재웠어!"

그러자 아내가 말했습니다. "그럼 당신이 매일 재워."

이 방법이 계속 먹힐지는 미지수지만 당분간은 꽤 쓸 만한 노하우인 듯합니다. 방법은 양손을 비벼서 따뜻하게 만들어 옷 안으로 손을 넣고 쓸어내리듯 위에서 아래로 살살 마사지해주는 것입니다. 하유는 안정감을 찾아가는 듯 보였습니다. 단, 노하우를 적용하기 전에 꼭 해야 하는 필수 조건이 하나 있습니다. 충분히 놀아주기!

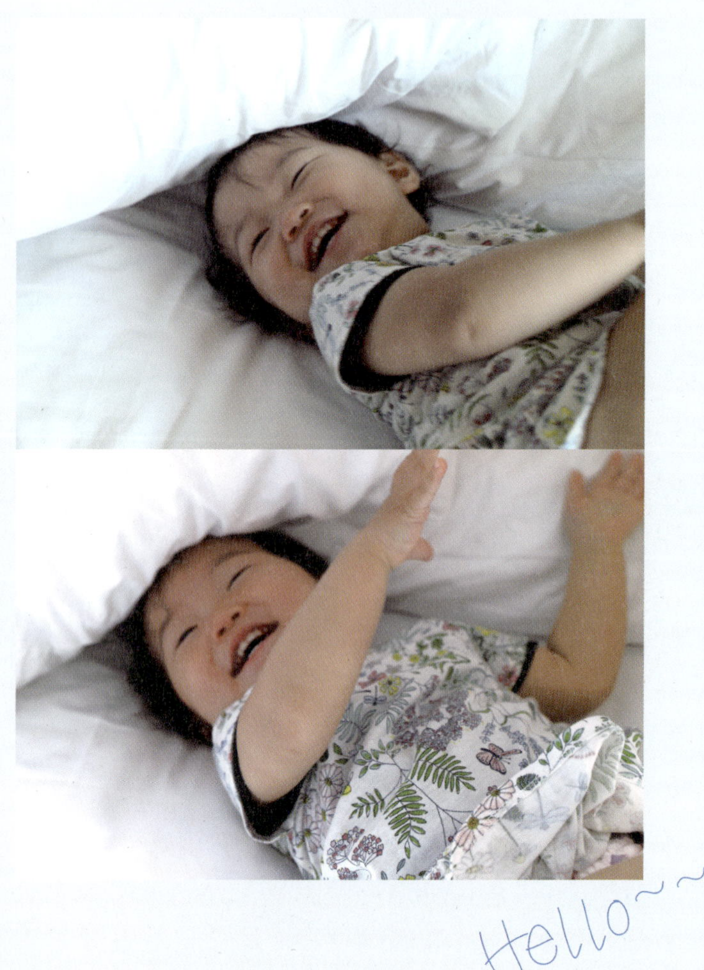
Hello~~~

2015년 10월 29일 부모의 양육 태도

오늘 SNS을 하다가 어떤 프로그램 캡처를 봤는데, 적잖이 충격이었습니다. 내용은 여덟 살 아이의 가족 이야기. 여덟 살 아이는 고등학교 교과서를 볼 정도로 화학을 좋아하는데, 그 아이는 언어 이해, 지각 추론, 작업 기억, 처리 속도, 아이큐 모두 상위 1% 안에 드는 상위 0.6%의 영재였습니다. 하지만 그 아이의 어머니와 아버지가 모두 청각 장애를 가진 분들이었죠. 그럼에도 불구하고 아이의 영재성을 키운 건 부모의 양육 태도였습니다.

엄마는 아이의 말을 한 시간가량 눈을 떼지 않고 들어주고 끝까지 지지해주었습니다. 아빠 역시 마찬가지고요. 정말 대단하신 분들입니다. 저는 하유 옹알이에 대답을 하긴 하지만, 내 눈은 스마트폰으로 가 있었던 시간을 반성하게 되었습니다.

물론 하유가 아직 대화를 할 수 있는 나이는 아니지만, 눈을 보면서 대화를 해야겠다는 결심을 해봅니다. 하유가 똑똑하게 잘 자라면 좋겠지만 영재가 되었으면 하는 건 아닙니다. 하지만 내가 노력하면 아이에게 좋은 영향을 줄 수 있다는 말은 나로 인해 안 좋은 영향을 받을 수도 있다는 것을 뜻하기에 노력해야겠습니다. 그런데 하유보다 나이가 많은 조카들을 보면, 했던 말을 또 하고 했던 말을 또 하던데 계속 눈을 맞추고 들어주는 게 가능하긴 할까요.

2015년 11월 5일 밤중 수유 끊기

밤중 수유를 끊는 데 성공했는데, 하유가 또다시 엄마를 찾기 시작했습니다. 이건 뭐 잠깐의 쉴 틈도 없네요. 아내는 단호하게 다시 끊는다며 하유를 데리고 침실로 갔지만, 20분 만에 다시 밖으로 나왔습니다. 문을 통해 들리는 "음마~ 맘마~ 음마~ 맘마~"를 외치며 서럽게 우는 소리에 나도 심장이 쿵쾅쿵쾅 빠르게 뛰며 이렇게 불안한데, 옆에서 달래는 아내는 얼마나 죽을 맛이었을까요.

그 와중에도 웃긴 건 엄마가 말을 못 알아듣는 거라 생각했는지 으마~ 마마 울면서도 점점 "엄마! 맘마!"라고 발음이 점점 정확해지는 겁니다. "하유야, 넌 치아가 많이 나와서 밤중 수유는 안 돼. 나중에 치아가 상할 수 있단 말이야." 그렇게 실랑이를 벌이다 겨우 잠든 하유. 하유가 잠드니 이렇게 조용할 수가 없네요. 밤중 수유를 끊기 위해서는 이제부터가 시작입니다. 새벽에 깼을 때 주면 안 되는데, 내가 주는 건 아니지만 왠지 자신이 없네요.

며칠간 밤중 수유로 고민하다 여러 가지 방법을 시도해봤습니다. 첫 번째 방법은 지칠 때까지 놀아주기입니다. 스스로 잠들기 전까지 놀아주기로 마음먹고 신나게 놀았습니다. 12시까지 잘 생각이 없더니 12시 30분쯤 혼자 스르륵 기절해서 아홉 시간 정도 통잠을 자더라고요. 성공하긴 했는데 너무 늦게 재운 것 같아 찝찝한 기분이 계속 남아 있네요.

일찍 안 자면 키도 덜 클까 걱정되고, 무엇보다 제가 너무 힘들었어요. 제발 일찍 자면 안 될까 사정해봤지만 소용이 없었습니다. 뭐가 그렇게 궁금한 게 많은지 온 집 안의 물건을 죄다 만져봐야 하는 하유. 그래서 방법을 바꾸기로 했습니다. 두 번째 방법으로는 수유하고 잠들면 양치해주기. 아내가 생각해낸 방법인데, 처음에 한 번 성공해서 자신감이 붙어 다시 시도해봤는데 하유가 으베베! 하면서 벌떡 일어나버렸어요.

마지막 세 번째 방법은 나른하게 만들기. 우선 따뜻한 물로 목욕을 시키고 마사지를 해줘서 하유를 나른하게 만들었습니다. 배가 고플지 몰라 수유도 하고, 양치시키고 본격적으로 잠자기에 돌입! 기분이 좋다가도 어림없네요. 한 시간 30분이나 안 자겠다며 온 집 안이 떠나가라 울다가 겨우 잠이 들었습니다. 밤중 수유를 끊는 방법이 있기는 한 건가요?

2015년 11월 14일 아내의 이유식

오늘 아내가 맛있는 요리를 만들기로 했습니다. 하유 이유식까지. 그렇게 한 시간가량 부엌에서 이유식을 만들더니 뭔가를 가지고 나왔죠. 엄마가 처음 만들어주는 이유식이라며 영양은 물론 맛까지 세심하게 신경 썼다는 아내, 완전 멋졌어요. 그런데 하유가 한입 먹더니 그다음부터는 손도 안 댔습니다.

아, 어쩌면 이럴 수가! 고무줄은 물론 박스까지 씹어 먹는 아이인데 만지지도 않는 하유. 진짜 맛이 없나 봅니다. 아내는 손재주는 좋은 편인데, 왜 요리는 못하는 걸까요?

CHAPTER 05

하유가 좋아하는 아이주도 이유식(BLW) 레시피

스틱 이유식을 하다가 어느 정도 아이가 적응을 하면 점차 다양한 이유식을 만들어주는 게 좋습니다. 결국 이유식의 최종 목적은 부모와 함께 같은 음식을 먹기 위함이니까요. 레시피는 그 동안 하유가 좋아했던 음식들로 구성했습니다. 기본 조리법을 익혀 쉽게 만들 수 있도록 매시볼, 완자, 주먹밥, 크로켓 등 주제에 맞춰 분류했습니다. 똑같이 만들어줘도 좋지만 응용하기 버전을 꼭 읽어보고 집에 있는 재료들을 활용해 아이를 위해 맛있는 이유식을 만들어주세요.

01 —— Mash Ball

감자 치즈 닭고기 매시볼

매시는 퓌레보다 더욱 걸쭉한 형태를 말합니다.
쉽게 말해 으깬 건더기 상태의 음식입니다.
매시볼은 제가 지은 이름인데, 매시를 동그랗게 볼의 형태로 만들면
하유가 정말 좋아하는 이유식이 됩니다.
냉장고에 있는 다양한 재료를 믹스해서 응용해보세요.

재료

감자_120g(약 8큰술)

닭 안심_30g(약 2큰술)

유아용 치즈_1/2장

1 감자는 껍질을 벗기고 찜통에 찌거나 끓는 물에 익힌다

2 닭고기는 끓는 물에 익힌 다음 곱게 다진다.

3 절구에 감자와 치즈를 넣고 으깬 다음 다진 닭고기에 넣고 섞는다.

4 반죽을 한입 크기로 동그랗게 빚는다.

감자와 고구마를 기본 베이스로 소고기나 닭고기, 채소를 익혀서 다진 다음 넣어 동그랗게 만드세요. 아이가 싫어하는 채소를 조금씩 넣어도 좋아요.

02 —— Meatballs

소고기 두부 완자

완자는 찜통에 넣고 찌거나 끓는 물에 삶거나 팬에 구워도 좋아요.
완자는 만들 때 넉넉하게 만들어 한 번 먹을 분량씩 포장해서 냉동 보관하세요.
저는 주로 주먹밥과 완자를 함께 가지고 외출해요.

재료

두부_100g(약 6큰술)
소고기 안심
_50g(약 3큰술)
양파_15g(약 1큰술)

TIP.

다양한 소스를 넣고 졸여도 좋아요.

1 두부는 면포나 키친타월을 이용해 물기를 제거하고 으깬다.

2 양파와 소고기는 곱게 다진다.

3 모든 재료를 한데 넣고 반죽해서 동그랗게 빚는다.

4 찜통에 넣고 찌거나 프라이팬에 구워 준다.

응용하기

소고기를 닭고기, 돼지고기, 새우로 대체하면 색다른 완자를 만들 수 있어요. 채소도 아이 기호에 맞거나 냉장고에 있는 재료를 이용해보세요.

03 — gimbap

베이비 치즈 김밥

재료

밥_적당량
김_3~4장
당근_50g(약 3큰술)
소고기_50g(약 3큰술)
유아용 치즈_1장
달걀_1개

1 당근은 채 썰어 볶고 소고기는 다져서 볶는다.

2 치즈는 길게 썰고 달걀은 노른자와 흰자를 분리해 각각 채 썰어 지단으로 만든다.

3 김 위에 밥을 펴고 준비한 재료를 모두 올려 만다.

응용하기

달걀흰자는 알레르기를 일으키기 쉬우니 아이가 12개월 전이라면 알레르기 반응을 확인해보고 넣는 게 좋아요. 김은 염분이 적은 아기용 김을 사용하세요.

04 —— rice ball

소고기 채소 주먹밥

처음 밥알을 주면 대부분 잘 먹지만 부담스러워하는 아이도 있어요.
그럴 때는 밥알을 조금 다져서 줘도 좋고, 밥을 찰지게 지어 주면 좋아요.
밥알에 적응이 되었다면 채소나 고기를 넣어 주먹밥을 만들어도 좋아요.
외출할 때 몇 개 만들어 나가면 간편하게 줄 수 있어요.

재료

밥_ 80g(약 5큰술)

소고기 안심

_20g(약 1큰술)

양파_10g(약 2큰술)

애호박_10g(약 2작은술)

1 소고기는 삶아서 곱게 다진다.

2 양파와 애호박은 다져서 팬에 볶는다.

3 밥에 다진 소고기와 채소를 넣고 섞어 둥글게 주먹밥을 만든다.

냉장고에 있는 재료를 이용해 다양한 주먹밥을 만들어주세요. 아이가 좋아하는 재료와 싫어하는 재료를 적절하게 섞어보세요. 주먹밥을 잘 안 먹는다면 고기와 버섯류를 볶을 때 베이비 간장으로 살짝 간을 하면 아이가 잘 먹을 거예요. 어린이용 김이 있으면 오니기리나 캐릭터 몰드를 이용해 귀여운 모양의 주먹밥을 만들어도 좋아요. 동물 모양의 주먹밥은 호기심뿐만 아니라 아이의 창의력도 키워줄 수 있어요.

05 —— Crockett

감자 채소 크로켓

크로켓은 다진 고기나 채소를 작고 둥글게 빚어 달걀물과 빵가루를 묻혀 튀긴 음식이에요.
바삭한 식감의 튀김 음식이 건강에 안 좋다는 선입견이 있지만, 채소를 튀기면 항산화 물질이 많아져서 건강하게 먹을 수 있답니다.

재료

감자_80g(약 5큰술)
양파_15g(약 1큰술)
애호박_15g(약 1큰술)
당근_10g(약 2작은술)
달걀_1개
밀가루·빵가루
_적당량씩

1 양파, 애호박, 당근은 곱게 다진 다음 팬에 볶는다.

2 감자는 삶아서 으깬다.

TIP.

개월 수가 어린 아이에게는 오븐에 구워도 좋아요. 기름에 튀길 때는 현미유나 올리브오일을 사용하세요.

3 모든 재료를 한데 섞어 한입 크기로 둥글게 빚은 다음 밀가루에 굴리고 달걀물에 담갔다가 꺼낸다.

4 빵가루를 묻힌 다음 200℃로 예열한 오븐에서 10~15분간 굽거나 올리브오일 혹은 현미유에 튀긴다.

주재료를 고구마, 두부, 밥 등으로 바꿔서 크로켓을 만들 수도 있어요. 다양한 채소를 다져 넣어도 좋아요.

06 —— pasta

분유 크림 파스타

분유 크림 파스타는 분유 특유의 단맛 때문에 하유가 좋아하는 이유식이에요.
긴 스파게티 면 대신 꼬불꼬불 나사 모양의 푸실리를 이용하면
손으로 집어 먹을 수 있어 핑거 푸드로 제격이에요.

dry milk with
green pasta

재료

푸실리_30~40개
브로콜리_15g(약 1큰술)
파프리카_15g(약 1큰술)
양파_15g(약 1큰술)
양송이_30g(약 2큰술)
분유물_100ml(1/2컵)
유아용 치즈_1/2장

1 푸실리를 끓는 물에 7분간 푹 삶아 건진다.

2 브로콜리는 깨끗이 씻어 끓는 물에 살짝 데친다.

3 파프리카, 양파, 양송이는 잘게 썰어 순서대로 팬에 볶는다.

4 팬에 준비한 재료와 분유물을 넣고 졸이다가 치즈를 넣는다.

응용하기

푸실리 면은 가능하면 유기농 제품을 구매하세요. 면의 익힘 정도는 아기의 치아나 씹는 상태를 고려해서 익히세요.

07 —— **Bread**

프렌치토스트

저는 빵은 유기농 제품을 이용하고 있어요.
식빵이 쫀득쫀득하기 때문에 오븐이나 팬에 살짝 구우면 좋고
요구르트나 과일을 함께 곁들이면 더욱 좋아요.

french toast

재료

식빵_1장

달걀_1개

버터_적당량

1 식빵을 먹기 좋은 크기로 잘라 달걀물에 적신다.

2 팬에 버터를 두르고 식빵을 노릇하게 굽는다.

TIP.

고기 완자나 채소 스틱을 곁들이면 브런치를 준비할 수 있어요.

식빵을 잘라서 오븐에 구워 러스크를 만들어도 좋아요. 다진 마늘을 살짝 발라 마늘 향이 나는 마늘빵을 만들거나 크림치즈를 만들어 함께 줘도 좋아요. 크림치즈는 간단하게 만들 수 있지만 시간이 오래 걸리죠. 플레인 요구르트를 준비해서 체나 면포를 올리고 요구르트를 부어 유청을 분리해요. 5시간 정도 분리한 다음 밀폐 용기에 담아 하루 동안 냉장 보관하면 크림치즈가 완성됩니다

08 —— Soup

치킨 감자 수프

하유의 컨디션이 안 좋을 때 저는 수프를 만들곤 해요.
어설프지만 스틱 형태의 식빵을 수프에 찍어 먹더라고요.
저는 그 모습을 보고 확신이 생겼어요.
꼭 알려주기 위해 노력하지 않아도 아이는 스스로 이리저리 만져보면서
경험을 통해 먹는 방법을 터득한다는 것을요.

재료

감자_15g(약 1큰술)

당근_5g(약 1작은술)

양파_5g(약 1작은술)

닭 안심_30g(약 2큰술)

모유 혹은 분유물

_180ml(1컵)

1 감자와 당근은 껍질을 벗기고 양파는 손질해서 닭 안심과 함께 냄비에 넣고 끓인다.

2 가장 먼저 양파를 꺼내고 당근, 감자, 닭 안심 순서로 꺼내 다진다.

3 냄비에 모든 재료와 모유 혹은 분유물을 넣고 1분간 더 끓인다.

수프는 간단하게 만들 수 있지만, 먹고 나면 뒤처리가 힘들어서 자주 안 해주는 음식이에요. 하지만 하유의 컨디션이 나쁘거나 감기에 걸려 입맛이 없을 때 끓여주면 몸도 마음도 따뜻해지는 이유식이에요. 더욱 맛있게 만들고 싶다면 닭고기 육수에 분유가루를 타서 만들어보세요.

09 —— Porridge

한우 버섯죽

아이주도 이유식(BLW)을 하다 보면 이유식에 흥미를 잃을 때가 있어요. 컨디션이 좋지 않거나 목 감기에 걸리면 음식물을 씹어서 넘기기가 힘들어서 그런지 유독 잘 안 먹더라고요.
그럴 때는 죽을 만들어보세요. 입자감은 아이의 상태에 따라 냉동한 밥을 칼로 다지면 좋아요.
하지만 아이주도 이유식(BLW)에 익숙해진 아이라면 밥을 다지지 않아도 충분히 잘 먹을 겁니다.

재료

소고기_15g(약 1큰술)
새송이버섯
_15g(약 1큰술)
양파_15g(약 1큰술)
밥_60g(약 4큰술)
물_180ml(약 1컵)

1 소고기는 찬물에 담가 핏물을 빼고 중간 불에서 삶은 다음 다진다.

2 새송이버섯과 양파는 다진다.

3 냄비에 모든 재료와 물을 넣고 끓인다.

베이비 채소 스톡을 만들어 두면 죽을 만들 때 유용하게 사용할 수 있어요. 냄비에 물과 무, 애호박, 양파, 다시마, 대파를 넣고 한 시간 정도 끓이세요. 체에 면포를 놓고 건더기를 걸러 국물만 사용하면 돼요. 베이비 채소 스톡으로 이유식을 만들면 영양과 맛을 동시에 챙길 수 있어요.

10 —— Noodle

잔치국수

면 요리는 하유가 좋아하는 음식입니다. 처음에는 쌀국수, 소면으로 만들면 좋아요. 잔치국수에 채소를 채 썰어 고명으로 올리면 손으로 국수 면과 고명을 집어 맛있게 먹는답니다.

재료

당근_10g(약 2작은술)

애호박_10g(약 2작은술)

소고기 안심

_15g(약 1큰술)

달걀_1개

소면_50가닥

참기름_1방울

채소 스톡_180ml(약 1컵)

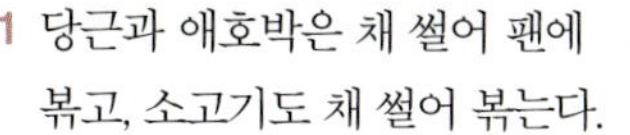

1 당근과 애호박은 채 썰어 팬에 볶고, 소고기도 채 썰어 볶는다.

2 달걀은 노른자와 흰자를 분리해 각각 지단으로 만든다.

TIP.

채소 스톡 만드는 방법

무_1/2개

양파_1개

애호박_1/2개

배추_2장

다시마_조금

대파_조금

재료들을 깨끗하게 손질하여 냄비에 넣고 물 1800ml(약 10컵)를 넣고 1시간 끓여주세요. 체에 면포를 올리고 건더기를 걸러내 국물만 냉장고에 보관하면서 사용하시면 좋아요.

3 끓는 물에 소면을 삶아 찬물에 헹군다.

4 그릇에 소면을 담고 고명을 올린 다음 채소 스톡을 붓고 참기름을 한 방울 넣는다.

응용하기

채소 스톡을 미리 끓여 두면 따로 육수를 만들 필요가 없어서 국수 요리를 만들 때 편하게 이용할 수 있어요.

11 — soup

베이비 삼계탕

하유는 소고기보다 닭고기를 좋아하는 거 같아요. 닭고기를 정말 많이 먹죠. 그중에서도 삼계탕을 해주면 혼자 닭다리도 뜯고 국물에 밥까지 말아 한 그릇 뚝딱 해치워요. 엄마 아빠가 몸보신할 때 하유도 함께할 수 있어서 좋아요.

재료

닭 다리_2조각
마늘_5g(약 1작은술)
파_10g(약 2작은술)
무_30g(약 2큰술)
양파_15g(약 1큰술)
대추_2개
물_540ml(약 3컵)

1 마늘과 파는 다지고 무와 양파는 한입 크기로 썬다.

2 냄비에 준비한 재료와 닭 다리, 물을 넣고 닭 다리가 익을 때까지 푹 삶는다.

TIP.

닭다리가 푹 익으면 완성.

국물에 밥을 넣고 더 끓여서 고기를 잘게 잘라 올려주면 삼계죽이 돼요. 아이가 아직 씹는 훈련이 덜된 상태라면 삼계죽도 추천해요. 그리고 체에 면포를 올려 건더기를 걸러 국물을 받으면 치킨 스톡으로도 사용 가능해요. 치킨 스톡만 있으면 파스타, 칼국수 같은 요리도 간단하게 만들 수 있어요. 치킨 스톡은 감칠맛이 더해져 이유식을 잘 안 먹을 때 물 대신 사용하면 좋아요. 국물을 낼 때 기름을 모두 제거하지 않아도 괜찮아요. 닭고기 지방은 깊은 풍미를 지니거든요. 지방이 걱정이라면 차가운 곳에 두면 지방이 굳어 손쉽게 제거할 수 있으니 너무 걱정하지 않아도 됩니다.

12 — Sauce

베이비 토마토소스

하유가 가장 좋아하는 소스는 토마토소스예요. 소스 만드는 방법을 알려드리는 이유는, 이것만 있으면 다양한 이유식을 만들 수 있기 때문이에요.

토마토는 체내 나트륨을 배출시키기 때문에 짠 음식을 즐겨 먹는 한국인에게 특히 좋죠.

하지만 돌 이전의 아이는 알레르기 반응을 꼭 확인해보고 시도하세요.

baby tomato sauce

재료

토마토_1개
양파_50g(약 3큰술)
마늘_5g(약 3작은술)
사과_1/2개

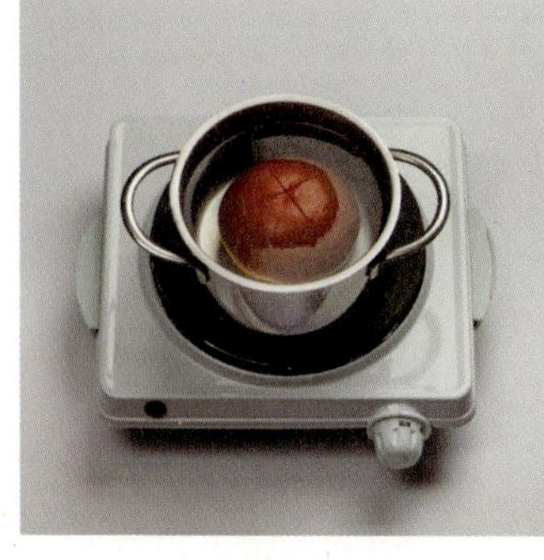

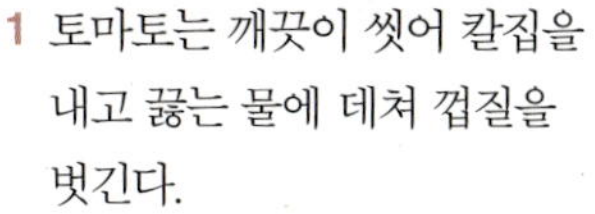

1 토마토는 깨끗이 씻어 칼집을 내고 끓는 물에 데쳐 껍질을 벗긴다.

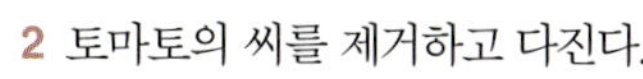

2 토마토의 씨를 제거하고 다진다.

TIP.

단맛을 더하기 위해 사과를 넣었는데, 이유식 후기부터는 아가베 시럽을 이용해도 좋아요. 또 이유식 후기에는 바질이나 월계수 잎을 넣으면 향긋해요.

3 양파와 마늘은 곱게 다져 팬에 볶다가 다진 토마토를 넣어 볶는다.

4 사과를 갈아서 넣고 졸인다.

소면이나 파스타 면은 따로 익히고 팬에 고기와 채소를 볶다가 베이비 토마토소스와 면을 함께 넣으면 토마토 파스타 완성! 면 대신 밥을 넣으면 토마토 리조트 완성! 맛있는 파스타와 리조트를 소스 하나로 손쉽게 만들 수 있어요.

13 — Yogurt

홈메이드 요구르트

요구르트는 하유가 좋아하는 간식 중 하나예요. 집에서 직접 만들거나 유아용으로 나온 떠먹는 요구르트를 이용해도 좋아요. 아기가 알레르기나 아토피가 없으면 다양한 과일을 곁들여 중기, 후기부터 먹을 수 있어요.

재료

요구르트 스타터_1팩

우유_1000ml(약 5컵)

1 우유를 유리병에 담고 요구르트 스타터 1팩을 넣는다.

2 잘 섞이도록 충분히 저어준 다음 뚜껑을 덮고 실온에서 24시간 둔다.

TIP.

요구르트 스타터를 이용해도 좋고, 요구르트 메이커를 이용해도 손쉽게 만들 수 있어요.

응용하기

요구르트에 식이섬유뿐만 아니라 칼슘, 철, 망간 등이 풍부한 슈퍼푸드인 블루베리를 올려주면 하유가 정말 좋아해요. 이외에도 맛있는 바나나와 부드럽고 달콤한 망고, 딸기 등의 과일을 먹기 좋은 크기로 썰어 올리면 간단하면서도 맛있는 간식이 완성돼요.

14 — Cheese

리코타 치즈

치즈는 우유 속에 있는 카세인을 뽑아 응고, 발효시킨 식품이에요. 단백질은 물론 비타민, 지방이 많이 들어 있어 아이에게 좋아요. 개월 수에 맞는 시판 제품을 구매해도 되지만 핸드메이드로 손쉽게 만들면 더욱 건강하게 먹을 수 있어요.

재료

우유 _ 1000ml(약 5컵)

레몬즙 _ 100ml(약 1/2컵)

1 냄비에 우유를 넣고 끓이는데, 팔팔 끓어오르기 전 작은 거품이 생길 즈음 약한 불로 줄인다.

2 레몬즙을 넣고 우유를 살짝 젓는다. 10분간 최대한 약한 불로 끓인다.

TIP.

우유와 생크림을 1:1의 비율로 섞고 소금을 아주 조금만 넣으면 맛있게 먹을 수 있어요.

3 체에 면포를 올리고 끓인 우유를 붓고 물기를 꽉 짠 다음 한 시간 정도 냉장 보관한다.

응용하기

아이가 좋아하는 과일이나 채소를 곁들이면 근사한 리코타 샐러드가 완성되어요. 부드럽고 담백한 리코타 치즈는 이유식에 넣으면 좋아요.

15 — Smoothie

스트로베리 바나나 요구르트 스무디

재료

딸기_50g(약 3큰술)

바나나_70g(약 5큰술)

우유(모유 또는 분유물)
_100ml(약 1/2컵)

요구르트_50g(약 3큰술)

1 믹서에 얼린 딸기, 바나나, 우유(모유 또는 분유물)를 모두 넣고 간다.

2 요구르트를 넣고 섞는다.

응용 버전

블루베리 + 바나나 +
우유 + 요구르트
= 블루베리 바나나 스무디

애플 + 케일 + 우유 +
요구르트
= 애플 케일 스무디

오렌지 + 망고 + 우유 +
요구르트
= 오렌지 망고 스무디

블루베리는 항산화 성분이 풍부해 아기의 시력 강화와 뇌세포의 노화 방지에 좋아요. 바나나는 면역력을 강화해 감기를 예방하고 피로 회복에도 종아요. 블루베리와 바나나를 이용해 스무디를 만들어도 좋고 비타민C가 풍부한 케일과 사괴를 넣어도 좋아요. 비타민이 풍부한 상큼한 오렌지와 피부에 좋은 달콤한 망고로 만들어도 아이가 좋아해요. 맛있게 먹을 수 있는 비타민을 듬뿍 담은 과일 스무디 한잔으로 가족 모두 행복해집니다.

16 — Jelly

블루베리 젤리

말랑말랑한 식감의 젤리는 아이들이 굉장히 좋아하는 간식이에요. 처음에는 이리저리 뭉개도 보고 장난도 치지만 나중에는 조심스럽게 집어 앞니로 한입 베어 무는 모습을 보면 너무나 사랑스러워요. 젤리는 손의 조작 능력을 키울 수 있으며, 아이에게 다양한 식감을 체험하는 기회를 제공해 한 번쯤 만들어주길 권해요. 초기에는 직접 과일즙을 내서 만들면 좋지만, 점차 시판 주스를 사용해 간편하게 만들어보세요.

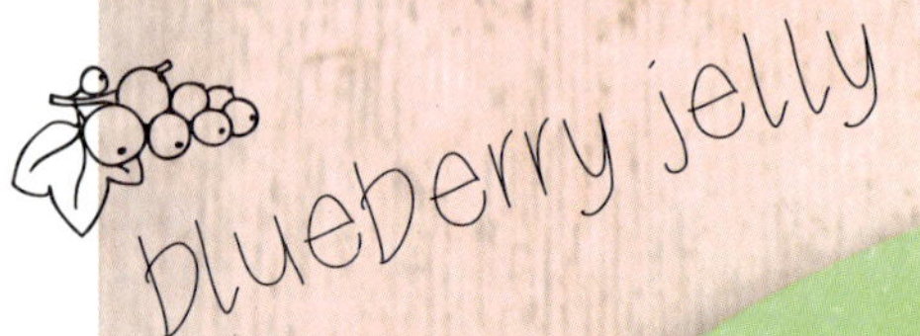

재료

블루베리_360ml(약 2컵)
한천가루_5g(약 1작은술)
물_50ml

1 믹서에 블루베리와 물을 넣고 간다.

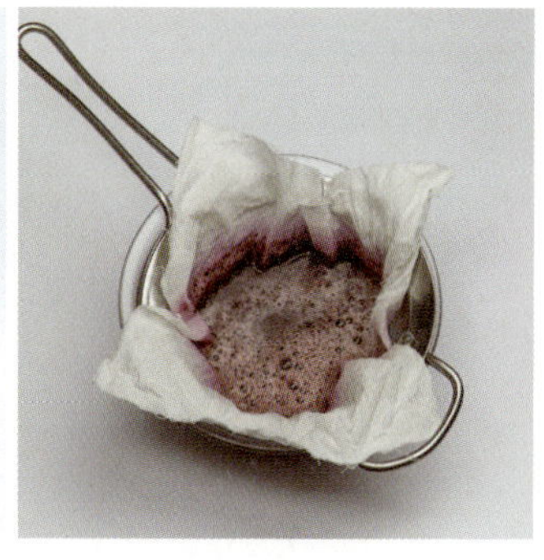

2 간 블루베리를 면포에 올려 건더기를 거른다.

3 냄비에 한천가루와 블루베리즙을 넣고 잘 저어준 다음 끓인다.

4 살짝 끓어오르면 불을 끄고 조금 식혀서 몰드에 넣고 20~30분간 실온에서 굳힌 다음 냉장 보관한다.

싱그러운 향이 가득한 사과로 젤리를 만들어도 좋아요. 사과는 나트륨의 과도한 흡수를 막아주고 배출시키는 작용을 하며 변비에 좋아요. 배는 단맛 때문에 아기들이 좋아해요. 루테올린 성분이 풍부해 기침 감기, 목 감기에 좋은 배는 몸을 따뜻하게 해주죠. 빨간색이 너무 예쁜 딸기나 건강한 열대 과일인 망고로 만들어주면 아이들이 굉장히 좋아해요.

CHAPTER 06

하유 아빠의 육아 꿀팁

초보 엄마, 아빠는 아이가 아플 때나 배고플 때 무엇을 어떻게 해야 할지 고민이 많습니다. 실제 하유를 키우며 얻은 깨알같은 꿀팁을 공개합니다. 엄마들의 가장 큰 고민인 잘 먹는 아이로 키우는 노하우를 놓치지 마세요.

1

아이가 감기에 걸렸을 때

예전에 하유가 감기가 심해지면서 중이염으로 고생했던 적이 있었습니다. 약을 잘 먹이는데도 중이염에서 후두염으로 넘어가면서 감기가 점점 악화되자 당시에는 그런 생각을 했었습니다. 항생제를 한 번에 많은 양을 처방해서 감기를 떨어뜨리는 게 좋지 않을까? 장기간 아픈 모습을 보는 게 마음도 아프고 너무 힘들었거든요.

그러다 어떤 사건을 계기로 마음에 변화가 생겼습니다. 서울에서 감기를 잘 잡기로 유명한 소아과에 갔었는데, 의사 선생님이 감기 초기라고 말하면서 평소 다니던 병원보다 약을 과다하게 처방해주셨죠. 평소보다 두 배로 늘어난 약을 먹여야 할까, 말아야 할까 고민하다 결국 먹이지 않았습니다. 당시 SBS에서 방영되었던 〈항생제의 두 얼굴〉이라는 다큐멘터리가 마음을 굳게 먹는 데 결정적인 역할을 했고, 다큐멘터리에 살짝 나온 지인을 발견하고 전화를 걸어 들었던 이런저런 조언이 큰 도움이 되었습니다.

다큐멘터리에 나온 어느 전직 모델은 축농증으로 항생제를 꾸준히 먹다가 급성감염이 되었을 때 내성균에 의해 약이 듣지 않아 두 팔과 다리를 절단해야만 했다고 합니다. '너무 극단적인 사례 아냐?'라고 생각할 수도 있지만 우리나라 아기들은 생후 2년까지 항생제 사용률이 73.7%로 굉장히 높은 편이라고 합니다. 다큐멘터리에서 우리나라 아이 20명을 대상으로 검사한 결과, 13명에게서 내성균이 검출되었고 2명에게는 슈퍼박테리아가 검출되었습니다.

슈퍼박테리아가 검출된 아이들은 어떤 항생제로도 병을 고칠 수 없는 상황이 올 수 있다는 이야기입니다. 이건 생각보다 훨씬 치명적인 상황이죠. 우리가 너무 쉽고 안일하게 아이들에게 항생제를 노출시키고 있는 건지도 모르겠어요. 하유가 감기에 걸린 초기에 약을 먹이지 않고 열이 살짝 올랐을 때 미지근한 물수건으로 몸을 닦아주고 배와 대추, 도라지를 넣고 끓인 물을 자주 마시게 하니 며칠 만에 감기가 떨어졌어요. 평소 다니는 소아과에 가서 확인했더니, 중이염도 없어졌고요. 이 경험을 통해 감기에 걸렸을 때 너무 빠른 대처보다는 한 발짝 물러나서 아이 스스로 이겨낼 수 있도록 도와주는 게 좋은 방법이라는 걸 알 수 있었어요.

물론 항생제가 필요할 때는 사용하는 게 맞아요. 하지만 초기 감기에도 무분별하게 항생제를 처방하는 건 문제라고 생각해요. 근본적으로 아이 스스로 이겨낼 수 있도록 면역력을 길러주고, 손발을 자주 씻기고, 비타민의 섭취를 통해 감기에 잘 안 걸리는 몸으로 만들어주는 게 중요합니다. 감기에 걸리더라도 스스로 이겨낼 수 있는 몸을 만들어주는 게 제가 하유에게 해줄 수 있는 가장 좋은 감기 치료법이 아닐까 생각하게 되었죠.

배 도라지 차

하유가 감기에 걸렸을 때 자주 끓여주는 차예요. 많은 양을 넣고 너무 진하게 끓이면 맛이 없어 아이가 싫어할 수 있어요. 연하게 끓여 물 대신 자주 먹을 수 있게 도와주는 게 좋아요.

재료

배_1/2개

대추_2개

도라지_1뿌리

물_600ml(종이컵 3컵)

1 배는 껍질을 벗기고 씨를 제거해서 믹서에 간다.

2 대추와 도라지는 깨끗이 씻는다.

3 냄비에 물과 배 간 것, 대추, 도라지를 모두 넣고 20분간 끓인다.

TIP

배는 갈아서 먹여도 좋지만 배를 갈지 않고 통째로 넣어 함께 끓여도 좋아요. 단, 끓인 배는 먹이지 마세요. 단맛이 빠져 맛이 없거든요. 어릴 때는 맛이 없어도 잘 마시는데 개월 수가 높아지면 안 마시더라고요. 그때는 베이비 시럽을 조금 넣어도 좋아요.

2

아이가 배고플 때 초간단 간식

이유식을 만들다 보면 생각지도 못하게 시간 조절에 실패할 때가 있어요. 실패한 가장 큰 요인은 아이에게 제공할 이유식을 식혀야 하는데, 그 시간을 미처 생각하지 못했던 거죠. 그럴 때를 대비해 시간 벌기용 초간단 간식을 소개할게요. 너무 많이 주면 메인 이유식을 잘 안 먹을 수 있으니 주의하세요. 이런 상황 말고도 급하게 외출할 때 아기 간식으로 만들어 가면 좋아요.

소개하는 간식은 2분 만에 만들 수 있는 치즈 볼이에요. 저는 시판되고 있는 아기용 과자보다 더 맛있고 좋더라고요. 절대 사러 가기 귀찮아서 자주 만들어 주는 건 비밀이에요. 사실 외출할 때는 이런저런 준비물이 많아지잖아요. 그럴 때 아기용 과자를 사러 마트까지 가는 것도 힘들고요. 치즈 볼을 만들어 비닐 봉투에 담아 가면 과자 부스러기도 없고 깔끔하고 간편해서 좋아요.

치즈 볼

누구나 손쉽게 만들 수 있어요. 아이가 치즈를 잘 안 먹는다면 다른 식감의 치즈 볼을 만들면 돼요. 근육 발달을 도와줄 뿐만 아니라 외출 시 간식으로도 좋아요.

재료

유아용 치즈_1장

종이포일_1장

1 치즈는 비닐 껍질을 벗기지 않고 칼로 자른다.

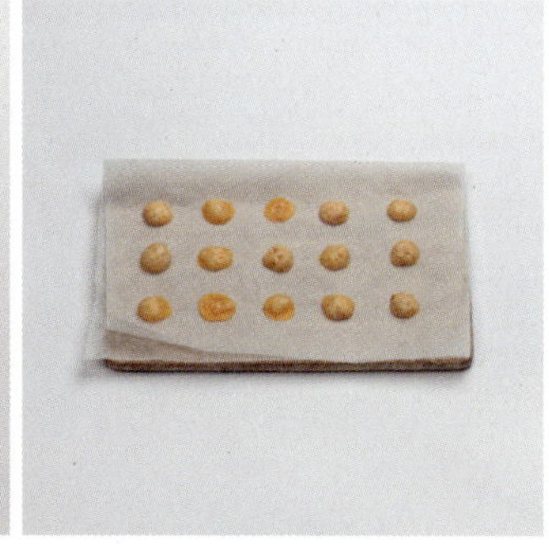

2 치즈의 비닐 껍질을 벗겨서 한 조각씩 종이포일에 올려 전자레인지에 1분 30초간 돌린다.

전자레인지의 출력에 따라 시간은 약간씩 다를 수 있어요. 그리고 치즈마다 약간씩 익는 속도도 다르더라고요. 평균 1분 30초에서 플러스 마이너스 30초 정도면 치즈볼이 완성돼요.

3

놀이와 함께하는 이유식

아이가 이유식에 흥미를 잃었을 때 해주는 방법이 있어요. 바로 놀이와 이유식을 결합해 식사도 재미있다는 걸 알려주는 거죠. 밥, 소고기, 당근, 김, 지퍼백만 있어도 오감 놀이와 이유식을 한꺼번에 해결할 수 있어요.

재료 준비가 끝났으면 접시를 아이 앞에 주고 재료에 대해 이야기하면 좋아요. 식재료를 재미있게 설명해줘 호기심을 유발시켜주세요. "빨간색은 몸에 좋은 맛있는 당근이야~ 이건 하유가 좋아하는 소고기야~ 아빠가 미리 볶아왔어~ 밥에 옷을 입혀볼까?"라고 말하고, 지퍼백에 모든 재료를 넣고 흔들어주면 주먹밥이 완성돼요. 아이와 함께 흔들어주면 더욱 재미있어요.

베이비 주먹밥

아이주도 이유식(BWL)을 하다 보면 음식을 탐색할 때 너무 지저분해지는 경우가 많아요. 특히 주먹밥은 거의 분해를 해버리죠. 그럴 때 지퍼백을 이용해도 좋아요. 아이와 함께 호기심을 충족시켜주고 꺼내서 먹으면 오감 놀이는 물론 이유식도 한꺼번에 해결할 수 있죠.

재료

밥_ 적당량

당근_ 15g(약 1큰술)

소고기_ 50g(약 3큰술)

김_ 2장

지퍼백_ 1개

1 당근과 소고기는 곱게 다져서 팬에 볶아요.

2 김은 어린이용으로 준비해 잘게 잘라요.

3 밥은 한입 크기로 동그랗게 만들어요.

4 모든 재료를 지퍼백에 넣고 흔들어주면 주먹밥이 완성돼요.

TIP

흔들다가 조몰락조몰락 만져볼 수 있게 해주시는 것도 좋은 방법이에요. 모양이 망가져도 다시 동그랗게 빚을 수 있으니 아이와 신나게 놀아주세요.

4

식재료를 이용한 천연 치발기

아이마다 시기가 조금씩 다르겠지만, 평균적으로 4~6개월쯤 젖니가 올라오면서 뭐든지 입으로 가져가 빨기 시작합니다. 바로 구강기가 시작되는 거죠. 요즘은 이때를 대비해 천연 라텍스나 실리콘 등 다양한 소재의 치발기 장난감이 있습니다. 하유도 기린 모양의 치발기부터 갈비 모양, 바나나 모양 등 다양하게 사용해봤지만 잘 안 쓰더라고요.

그런데 당근을 잘라서 줘봤는데 반응이 굉장히 좋았습니다. 그때부터 셀러리, 당근, 오이, 무, 고구마를 이용해 치발기를 만들어줬습니다. 다양한 채소를 6cm 정도의 길이로 잘라 냉장고에 보관해 시원하게 만들어서 아이에게 주면 발열감과 간지러움 해소에 도움을 줄 수 있습니다.

식재료를 이용한 치발기의 장점은 아무래도 아이가 음식의 질감과 맛을 자연스럽게 경험할 수 있고, 무엇보다 씹는 연습을 할 수 있어 좋습니다. 오물오물 씹는 연습을 통해 턱 근육을 단련시키면 고른 치아를 가지는 데 도움을 준다고 합니다. 처음에는 빨기만 하다가 어느 순간부터 앞니로 조금씩 갉아먹는 모습도 볼 수 있습니다. 하지만 스틱의 굵기가 얇다면 잇몸으로 끊을 수 있기 때문에 자칫 덩어리가 목으로 넘어가 걸릴 수 있으므로 항상 곁에서 지켜봐야 합니다. 또 식재료 치발기는 침이나 먼지 등의 이물질로 인해 오염에 취약해 꼭 일회용으로 사용해야 합니다.

이 부분만 주의하면 굉장히 좋은 치발기입니다. 특히 외출 혹은 외식할 때 미리 준비해 간다면 유용하게 사용할 수 있습니다.

Choop Choop ~

5

잘 먹는 아이로 키우는 노하우

주변에서 하유처럼 잘 먹게 하는 노하우 같은 게 있냐는 질문을 많이 합니다. 솔직히 말하면 하유는 대부분 아무거나 잘 먹는 아이였습니다. 물론 중간 중간 안 먹을 때도 있었지만, 그건 이유식을 먹기 전 간식을 잔뜩 먹었을 경우입니다. 하유는 왜 잘 먹을까? 아내와 오랜 고민 끝에 내린 결론은 의외로 간단했습니다. 아기 때부터 엄마 아빠가 먹는 모습을 자주 보여주세요.

하유가 이유식을 시작하기 전부터 아내와 저는 하유에게 먹는 모습을 굉장히 많이 노출시켰던 거 같습니다. 혼자 두는 게 미안해서 우리 부부가 밥 먹을 때 항상 지켜보게 했는데, 처음에는 뭐하나 유심히 쳐다보다 어느 순간 침을 꿀꺽 하는 하유를 발견했습니다. 아마 자기 인생에서 굉장히 많은 시간을 먹는 모습을 봐서 그런지 음식 먹는 시간을 굉장히 좋아합니다. 엄마와 아빠는 아이의 거울이라는 말처럼 아이들은 따라 하려는 본능이 있습니다. 식사 시간에는 항상 함께하길 권합니다.

그리고 하유에게 음식을 탐색할 수 있는 시간을 충분히 주었습니다. 하유는 만지고 냄새를 맡고 찢어보고 던져보는 과정에서 음식에 대해 자신감도 생기고 재미도 찾는 것 같습니다. 식사 시간이 마치 오감 놀이처럼 느껴졌을 겁니다. 처음부터 아이가 먹는 양이 마음에 들지 않더라도 느긋하게 기다리세요. 부모가 재촉하면 할수록 아이의 입장에서는 식사 시간이 괴로워지니까요. 재촉하지 않고 지켜봐주면 결국 잘 먹는 아이로 클 테니까요.

편식을 하는 아이는 사실 부모의 영향도 큽니다. 편의에 따라 쉽게 만들 수 있는 음식만 제공한 건 아닌지? 한 번 안 먹겠다는 거부를 했다고 아이가 싫어한다고 단정 지은 건 아닌지? 아이가 싫어하는 재료를 부모는 좋아하는지? 맛있게 먹는 모습을 아이에게 보여줬는지? 아이가 싫어하는 재료를 다양한 조리법으로 만들어줬는지? 이런 것들을 곰곰이 생각해보면 실마리를 찾을 수 있을 겁니다.

6

아이주도 이유식(BLW) 청소법

아이주도 이유식(BLW)의 단점은 역시나 뒷정리인 거 같아요. 가끔 상상을 초월할 때가 많거든요. 어떻게 하면 뒷정리를 간편하게 할 수 있을까 하는 고민을 달고 살았죠. 턱받이도 해보고, 비닐도 깔아보는 등 이것저것 다 해봤지만 턱받이나 비닐은 준비하고 치우는 게 저는 더 힘들더라고요. 특히 아기가 턱받이를 거부할 때면 멘붕이 오죠.

그래서 그냥 외출복이랑 집에서 있는 옷을 따로 분류하고, 더러워져도 괜찮아라는 마인드 컨트롤을 하고 턱받이와 비닐을 모두 없애고 과감하게 시작했더니 지금은 더 편해진 거 같아요. '심플 이즈 베스트Simple is best'라고 하잖아요. 우선 하유 옷에 묻은 음식물을 탈탈 털어 바닥에 떨어뜨린 다음 샤워를 시켜요. 물론 매번 샤워를 하는 건 아니에요. 아이주도 이유식(BLW)을 하다 보면 깔끔하게 털어지는 경우도 많거든요. 그때는 저녁에 목욕을 시켜요.

바닥에 떨어진 이유식은 물티슈로 닦는 게 가장 간편하더라고요. 다양한 방법을 시도해보고 자신에게 가장 잘 맞는 편한 방법을 찾는 게 좋아요. 일부러 돈 내고 오감 놀이도 많이 하잖아요. 그런 측면에서 이유식도 먹고 놀이를 함께 한다고 생각하니, 뒤처리할 때 조금이나마 위안을 얻고 있어요. 언제까지 이렇게 먹여야 하는지 걱정하는 분들에게 한 말씀 드리면, 너무 걱정하지 마세요. 하다 보면 아이의 먹는 스킬과 엄마의 요리 스킬이 점점 업그레이드되어 깔끔하게 먹는 날도, 손만 씻으면 간편하게 정리되는 날도 점점 많아지니까요.

하유 아빠의 팁! 옷에 핀 곰팡이 제거와 청소법

이유식을 먹이다 보니 하유 옷에 곰팡이가 피었습니다. 장마철이지만 겨우 하루 반나절 그냥 뒀다고 곰팡이가 피다니…. 아기 옷은 대부분 면섬유라 그런 듯합니다. 지금까지 살면서 옷에 핀 곰팡이와의 만남은 우리 부부에게 처음 있는 일이라 손빨래도 해보고 삶아도 보고 세탁기에도 돌려봤습니다. 그렇게 해도 없어지지 않는 곰팡이를 보고 아내도 저도 당황했는데, 의외로 간단한 방법이 있다는 걸 알았습니다. 과탄산소다를 탄 물에 반나절 담가두었다가 삶으면 곰팡이가 말끔히 사라진다고 합니다. 그런데 과탄산소다라는 걸 처음 들어본 게 함정이랄까요. 베이킹소다, 구연산까지는 알고 있지만 과탄산소다라니….

작은 마트에서는 판매하지 않을 것 같아 대형마트에 갔더니 의외로 쉽게 찾을 수 있었습니다. 집에 와서 곰팡이 핀 옷을 담가두었다가 삶아보니 곰팡이가 깨끗이 사라졌습니다. 지인들에게 물려받은 옷 중 오래된 찌든 때도 한 방에 사라지네요. 강추합니다!

◇◇◇ 가스레인지 청소법

가스레인지에 스프레이형 세제를 뿌려 불려둡니다. 물에 적신 행주를 비닐봉지에 넣어 전자레인지에 30초간 돌립니다. 뜨거워진 행주로 가스레인지를 닦으면 찌든 때를 쉽게 제거할 수 있습니다.

◇◇◇ 수전 청소법

설거지를 하다 보면 수전이 금방 더러워집니다. 찌든 때라 물로 씻어도 사라지지 않죠. 그럴 때는 키친타월에 식초를 묻혀 수전을 덮어두세요. 1분간 두었다가 키친타월을 벗겨내고 닦아주면 깨끗해집니다.

◇◇◇ 탄 냄비 청소법

냄비를 태웠을 때 생긴 검은 그을림은 아무리 닦아도 쉽게 없어지지 않아요. 그럴 땐 냄비에 베이킹파우더와 식초를 넣고 끓인 다음 닦으면 말끔하게 제거됩니다.

7

잘 먹는 아이로 키우는 동화책

사과가 쿵

다다 히로시 지음, 정근 옮김 | 지크

두더지가 야금야금 / 나비와 벌이 쪽쪽쪽
토끼와 돼지가 냠냠냠 / 악어가 우적우적

사과를 다양한 음식으로 바꿔보아요.
바나나가 쿵! 블루베리가 톡!

밥 먹자, 밥

고영이 글, 조수진 그림 | 한국차일드아카데미

오물오물 짭짭 꿀떡 / 후룩후룩 꼭꼭 꿀꺽 / 잘 먹었습니다

밥 먹는 연습을 책으로 할 수 있어요.
직접 먹는 시늉으로 아이에게 흥미를
유발할 수 있어요.

누가 먹을래

오다윤 글, 미구엘 탄고 그림 | 여원미디어

오독오독 / 사각사각 / 아삭아삭
의태어가 아이의 입맛을 돋우는 동화책

"누가 먹을래?"라는 질문에 "저요! 저요!" 놀이처럼
접근해서 아이가 재미있게 음식을 먹을 수 있도록
도와줘요.

난 토마토 절대 안 먹어

로렌 차일드 글, 조은수 역 | 국민서관

찰리에겐 롤라라는 여동생이 있어요. 가끔 롤라에게 밥을 차려줘야 하는 찰리. 찰리에게는 꽤나 힘든 일이랍니다.

엄마 아빠가 읽어보면 좋아요. 상상력을 극대화 시켜 아이에게 식재료에 대한 재미있는 스토리를 만들어 들려줄 수 있거든요.

그린 망토의 피망맨

사쿠라 도모코 글, 나카무라 게이지 그림 | 더큰

피망을 끔찍하게 싫어하는 아이가 있었어요. 자신을 싫어한다는 걸 알게 된 피망들은 슬퍼서 울기 시작했죠. 그러던 어느 날 세균들이 침입하자 피망맨이 나타납니다.

아이가 싫어하는 식재료를 주인공으로 재미있는 이야기를 만들어 들려주세요.

케첩 좋아, 토마토 싫어

수지 모건스턴 지음, 원혜진 그림 | 사계절

모든 음식에 케첩을 뿌려 먹는 아이. 그러다 케첩을 토마토로 만든다는 엄청난 사실을 알게 되었어요.

아이에게 음식의 원재료를 재미있게 알려줘 호기심과 관심을 유도하고 편식을 예방할 수 있어요.

Special page

아빠의 육아 4

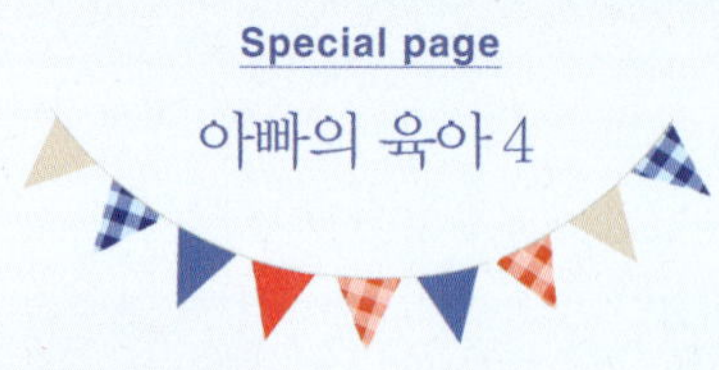

2015년 5월 14일 손수건 한 장으로 아기 재우기

모든 엄마들에게 핫이슈였던 티슈 한 장으로 아기 재우고, 손수건 한 장으로 아기를 재우는 동영상을 기억하나요? 원리는 똑같습니다. 사실 예전에 해봤다가 실패해서 까먹고 있었는데, 다시 생각나서 도전해봤습니다. 방법은 간단합니다. 우선 티슈 또는 손수건 한 장을 준비하고 아기 얼굴을 덮어주고 위에서 아래로 살며시 내리기만 하면 됩니다. 그렇게 하면 울면서 잠투정하던 아이도 안정감을 찾아 손쉽게 수면의 길로 인도해준다고 합니다.

졸려서 눈을 감고 잠투정하는 하유 얼굴을 손수건으로 덮고 살며시 내렸더니 덥썩 응? 잠자는 사자의 코털을 뽑은 것일까요? 손수건을 손으로 잡고, 입으로 가져가서 우걱우걱 씹어 먹더니 잠에서 완전 깨버렸습니다. 앗, 괜히 했네요. 동영상 올린 분 미워요.

2015년 5월 15일 지옥의 배밀이 잠투정

어제부터 하유의 잠투정이 시작되었습니다. 130일쯤 불현듯 찾아온 이번 잠투정에 비하면 지금까지 했던 잠투정들은 예고편에 불과했죠. 가장 큰 원인은 아마도 배밀이를 본격적으로 시작하면서인 듯합니다. 더욱 강력해진 잠투정에는 달라진 점이 많은데, 우선 하유의 목소리가 업그레이드되었습니다. 우렁차진

목소리로 울기 시작하면 귀가 쨍쨍. 그리고 똑바로 자는 법이 없네요.

안아줘서 거의 재운 다음 눕혀도 반사적으로 획! 한 번에 뒤집기 기술을 시작! 지금까지는 엎드려서도 잘 잤는데 갑자기 엉덩이를 들썩들썩 들어 올리며 앞으로 기어가려고 합니다. 너란 아이는 자면서도 배밀이 하는 거니? 잠들었다 깼다 울다 잠들었다 깼다 울다 잠들었다 깼다 울다를 5분 간격으로 두세 시간이나 반복하다 겨우 잠이 들었습니다.

지금까지 통했던 자장가, 수면 교육, 백색 소음, 안아주기, 토닥임 등 모든 기술이 한순간에 무용지물이 되어버렸습니다. 아내가 안아줘도 안 되는 건 처음이라 당혹스러웠습니다. 아… 어쩌죠. 내일 밤이 무섭네요.

2015년 6월 4일 육아는 어려워

하유의 치아가 올라오려나 봐요. 어제 저녁 이유 없이 소리를 꽥꽥 질러 한 시간 정도 울면서 잠을 못 이루더니 낮에도 밤에도 잘 안 먹고 온종일 짜증만 가득합니다. 어젯밤에는 우리 부부 모두 이유를 몰라 손톱이나 발톱이 빠진 건가? 어디 아픈 건 아닌지 이리저리 확인도 해보고 달래도 보고 아내는 같이 울어도 보고 서로 번갈아 안아도 보고 별걸 다 해봤지만 실패했네요. 그러다 치아가 올라오는 거 같다는 결론을 내렸습니다.

150일 정도 육아를 하면서 느낀 건데, 육아는 정말 어렵습니다. 그것도 시간이 갈수록 점점 더 어려워지는 느낌이랄까요. 갈수록 높아지는 난이도에 어리둥절 당황스럽기만 합니다. 그래도 한편으로는 이 또한 건강하게 자라는 데 필요한 성장 과정의 일부라 생각하니 잘 자라고 있는 아이에게 감사합니다. 하유야, 첫니 올라오는 거 축하해! 축하 기념으로 오늘은 일찍 잘래?

2015년 6월 24일 일석이조 놀이법

아내가 새로운 놀이법을 개발했다고 합니다. 이름하여 일석이조 놀이법. 제가 의자에 앉아 하유를 팔만으로 번쩍 들어 올리는 놀이입니다. 하유는 놀이기구를 타는 효과를, 나는 팔 운동을 하는 효과를 볼 수 있다고 합니다. 한 번에 30번씩 3세트를 해야 한다고 합니다.

두 번째는 한때 연인 사이에 유행했던 방법으로, 하유를 땅에 눕혀놓고 팔굽혀펴기를 하면서 뽀뽀를 해주라고 합니다. 이것도 30번씩 3세트. 아내가 날 죽이려고 하네요. 하핫, 아무것도 안 하고 싶은데…. 이미 아무것도 안 하고 있지만, 더 격렬하게 아무것도 안 하고 싶네요.

아내가 말합니다.

"당신 근육 없어서 못하려나?"

응? 무슨 섭섭한 소리를. 저는 근육 빼면 시체인데 말입니다.

하나, 둘, 셋, 넷, 다섯, 여섯, 일곱… 언제부터였을까요? 이미 낚였네요.

2015년 6월 26일 엄마만 좋아하는 아이

아침 일찍 똥을 왕창 싸서 씻기려고 하는데, 왠지 기분 좋은 하유입니다. 애교 가득 미소를 보여줘서 심쿵했습니다. 그런데 안아주려고 하니 정색을 하네요. '아빠 말고 엄마'라는 눈빛. 요즘 완전 엄마 껌딱지가 되어버린 하유입니다. 2주 동안 매일 목욕시켜주고 새벽에도 일어나 기저귀 갈아준 건 나인데 엄마를 더 사랑하네요. 졸리거나 배고플 때는 무조건 엄마만 찾습니다. 이것이 모유의 힘인가요? 그렇다면 이유식은 꼭 제가 해줄 거라 다짐합니다.

2015년 7월 2일 초기 이유식 시작

이유식을 시작했습니다. 쌀미음부터 후딱 만들어 하유에게 대령했죠. "아빠 이게 뭐예요?" 하유는 숟가락을 씹어 먹기 시작했습니다.

"아… 안 되겠어! 아빠 이리 줘봐!"

그릇을 빼앗아 혼자 들고 호로록 마시기 시작했습니다. 흘린 것도 많지만 결국 다 먹었네요. 부족한지 더 달라고 찡찡거려 반 그릇이나 더 줬습니다. 그기마저 다 먹어버린 하유. 그나저나 이유식 한번 먹이고 나니 온 집 안이 초토화되었습니다.

하유 얼굴이며 손이며 부스터며 아내 손이며 내 손까지. 목욕도 시켜야 하고, 바닥도 청소해야 하고, 설거지도 해야 하고…. 근데 이거 엄마 혼자 할 수 있는 건가요? 하루에 한 번이야 그렇다 치고, 두 번 세 번은 어떻게? 상상만 해도 벌써부터 힘이 드네요.

2015년 7월 3일 이유식 거부

어제는 내가 이유식을 먹였고 오늘은 아내가 이유식을 먹이기로 했습니다. 어제는 엄청 잘 먹던 하유가 몇 숟가락 먹더니 울면서 이유식을 거부했습니다. 왜 그런가 보니, 아내가 한 숟가락 가득 하유 입에 넣어주고 있는 모습을 포착!

"한 번에 그렇게 많이 주면 어떻게 해?"라고 말하니 아내는 못하겠다며 저에게 숟가락을 넘겼습니다. 그래서 다시 제가 이유식을 먹이게 되었죠. 조금씩 주니 역시나 잘 먹네요. 그런데 생각해보니 이유식 만드는 것도 내 담당, 치우는 것도 내 담당, 이러다 먹이는 것도 내 담당이면? 아내는? 갑자기 든 생각인데, 일부러 못하는 척하는 건 설마 아니겠죠?

2015년 7월 6일 이유식을 하면서 생긴 문제

오늘 마트에 갔다가 아내가 칼국수가 먹고 싶다고 해서 외식을 했습니다. 외식이야 뭐 평소에 자주 하는 건데, 미처 예상하지 못했던 일이 발생했죠. 평소 이유식을 먹일 때 정한 규칙 중 하나가 다 함께 밥 먹을 때 먹이자인데, 그걸 며칠 했더니 자기 밥도 내놓으라며 눈을 부릅뜨고 괴성을 지릅니다. 아… 어쩌면 좋을까요? 하도 울고불고해 국수가 입으로 넘어가는지 코로 넘어가는지 괜히 주변에 민폐를 끼치는 것 같아 폭풍 흡입을 하고 나왔습니다. 이제부터는 어딜 나가도 이유식을 가지고 다녀야겠죠? 아니면 외식을 하지 말아야 할까요?

2015년 7월 8일 아빠는 먹는 거 아니야

아보카도로 퓌레를 만들어서 줬습니다. 처음 먹어보는 거라 잘 먹을까? 기대 반 걱정 반 하유에게 건넸는데 냠냠 잘 먹네요. 분명 잘 먹어서 다 좋은데 왜 이렇게 부스터에 비벼대는 걸까요? 구석구석 꼼꼼하게도 문지릅니다. 아보카도로 구렛나루도 만들고. 하유가 아보카도를 먹는 건지, 아보카도가 하유를 먹는지 분간이 안 갈 즈음 숟가락을 던지며 식사가 종료되었습니다.

배불러서 신난 하유! 깨끗하게 정리하고 안아줬는데 내 볼에 뽀뽀를 해주려고 합니다는 페이크. 치아로 제 볼을 깨물어버렸습니다. 요즘 누워 있으면 기어와서 내 손가락, 팔뚝 가리지 않고 깨무네요. 그러는 거 아니야…. 아빠 먹는 거 아니야…. 최근에 살이 많이 쪘는데, 그래서 맛있어 보이는 건 아니겠죠?

2015년 7월 18일 나비효과

하유가 아보카도를 먹다가 남겨 버릴까 하다가 그냥 제가 먹기로 했습니다. 뭔가 잔반 처리하는 기분이라 이왕 먹는 거 맛있게 먹어야지라는 생각에 과카몰리를 만들었죠. 만들다 보니 양이 늘어나 아보카도를 한 개 더 잘랐고, 간단하게 함께 먹을 나초를 사러 갔는데 샌드위치도 먹고 싶어 치즈 빵을 사게 되었고, 닭 튀기는 냄새가 너무 좋아 닭강정을 사게 되었고, 조금 걸었더니 날도 덥고 맥주가 생각나 저도 모르게 맥주를 사게 되었습니다.

응? 정신을 차리고 보니 내 눈앞에는 빈 껍질만 가득…. 아, 뭔가에 홀렸나 봐요. 저녁 먹은 지 얼마나 되었다고. 하유야, 왜 하필 아보카도를 남겨서…. 조금 남긴 이유식이 이렇게 큰 태풍으로 돌아올 줄이야 상상도 못했네요.

2015년 7월 21일 영유아 건강검진

아침 일찍 영유아 건강검진을 하기 위해 소아과에 다녀왔습니다. 보통 월요일, 토요일에는 사람들이 몰려 예약을 해야 하는데 다른 날은 당일 검진도 가능하다고 하네요. 저는 CT 촬영까지는 아니더라도 뭔가 엄청 정밀 검사인 줄 알았는데, 아니었어요. 소아과 선생님이 몇 가지 체크하고 간단하게 끝나버린 검진. 생각보다 너무 일찍 끝나 시간도 남고 해서 잠깐 꽃놀이를 가기로 했습니다.

하유도 병원에 갔는데 오늘은 주사를 안 맞아서 그런지 싱글벙글 기분이 좋아 보였어요. 그렇게 꽃이 있는 공원까지 20분 정도 걸었을까요. 꽃을 보여주리라는 마음으로 힘겹게 걸었는데, 도착하자마자 잠들어버린 하유. 이럴 때는 깨우기도 참 그렇고, 다시 돌아가기도 애매하네요. 깊게 잠든 거 같아 꽃은 다음에 보기로 하고 유모차를 돌려 집으로 갔습니다. 하지만 저는 이미 알고 있습니다. 집에 도착할 즈음 눈을 뜰 거라는 사실을….

2015년 8월 2일 아기 이갈이

하유는 윗니가 올라오면서 이갈이를 시작했습니다. 으드득, 으드득, 으드득. 맙

소사! "하면 안 돼요!"라고 말하며 볼을 잡으면 멈췄다가 다시 놔주면 또 으드득 으드득 갈기 시작하네요. 어쩌죠? 깊게 고민하다 셀러리를 스틱 형태로 잘라 주니 이갈이를 멈췄습니다. 하지만 하루 종일 식재료를 입에 물릴 수도 없고, 그렇다고 그냥 놔두기에는 살짝 걱정이 되네요. 치아나 턱관절에는 문제가 없겠죠?

시간이 지나면 자연스럽게 해결된다고 하는데, 기다려야겠죠? 아내는 오늘 모유 수유를 하다 세 번이나 물렸다고 합니다. 그 와중에 피가 났다고 합니다. 아, 이갈이 무섭네요. 그냥 셀러리를 계속 줘야 할 거 같아요.

2015년 8월 4일 쌀과자의 위대함

오늘 B형간염 주사를 마지막으로 1년간의 모든 예방접종이 끝났습니다. 앗! 독감주사 두 번이 남았군요. 끝없는 주사들. 그래도 예방접종 기록표에 찍혀 있는 도장들을 보니 마음이 든든해지면서 홀가분한 건 사실입니다. 하유는 검진할 때 의사 선생님을 보고 울기 시작해 주사 맞을 때는 통곡을 하더니 쌀과자를 하나 꺼내주니 씨익 웃으며 맛있게 먹네요. 눈물과 범벅이 되어 녹아내리는 쌀과자, 어쩌면 좋을까요? 맹구가 따로 없네요.

눈물을 닦아주려는데 쌀과자를 뺏어갈까 걱정되었는지 다시 울기 시작해 어쩔 수 없이 눈물 젖은 쌀과자를 먹은 하유. "하유야, 그게 그렇게 맛있니?" 쌀과자의 위력을 새삼 느꼈습니다.

2015년 8월 9일 책 좋아하는 아이로 키우기

하루에 열 권씩 책 읽어주기 독서 교육을 시작한 지 꽤 많은 시간이 흘렀습니다. 엄마랑 아빠가 매일 책을 들고 있어서 그런지, 하유도 책에 상당히 관심이 많아요. 독서 교육을 시작한 이유가 책을 좋아하는 아이로 성장했으면 하는 마음에서였는데, 엄마 아빠 마음을 아는지 하유는 다른 장난감보다 유독 책에 좋아합니다. 눈에 책만 보이면 빠르게 기어와 쭉쭉 찢거나 염소처럼 뜯어먹어요. 좋아하긴 하는데, 의도했던 방향이 아니라 조금 당혹스럽지만 차차 나아지겠죠?

2015년 8월 11일 감기에 걸리다

하유가 감기에 걸려 병원에 다녀왔습니다. 콧물이 주룩주룩 흐르고 열은 37.5℃. 다행히 심한 감기는 아니라 의사 선생님이 금방 나을 거라 했습니다. 아내의 말로는, 아침에 일어나 보니 제가 하유 이불을 돌돌 말고 자고 있었다고 합니다. 미안해, 하유야….

그거보다는 어제 저녁 목욕하면서 물놀이를 했기 때문인 것 같기도 합니다. 맨날 거실에서 목욕을 시키다 최근에 화장실에서 했는데 어제 저녁 처음으로 샤워기를 이용해봤습니다. 반응이 폭발적! 샤워기를 좋아하는 하유의 새로운 모습에 조금 오래 목욕을 시켰던 게 화근이 아니었을까요. 그러나저러나 나 때문에 감기에 걸린 거 같아 괜히 미안하네요. 하유야, 감기 후딱 이겨내고 아빠랑 또 물놀이하자.

Happy Bath Time~

Special page

2016년 3월 21일

우리 가족 첫 여행은 비행시간이 짧은 제주도로 결정했습니다. 아이와 함께 떠나는 여행은 언제나 설렘과 동시에 두려움이 공존합니다. 짐을 싸는 데 가만히 있으면 박하유가 아니죠. 짐 싸는 데 시간이 걸려도 너무 오래 걸렸습니다. 싸면 꺼내 던지고, 싸면 꺼내 던지고… 점점 멘탈에 금이 가기 시작했습니다. 유모차가 마음에 걸렸습니다. 이제 아기띠는 절대 하지 않으려고 하니 유모차를 가져가야 하나? 말아야 하나? 큰 고민에 빠졌죠. 물론 호텔에서 대여도 가능하지만, 혹시나 익숙하지 않은 유모차를 거부할까 봐 많은 고민을 했습니다. 짐도 은근 많습니다. 일반 기저귀도 챙겨야 하고, 물놀이를 대비해 방수 기저귀도 챙겨야 하고, 물티슈도 챙겨야 하니까요.

#부가부 비3 스트롤러 (부가부 코리아 02-2671-7813 / 부가부 온라인 www.bugaboo.com)

짐을 왕창 챙겨 두근두근 드디어 하유의 첫 비행이 시작되었습니다. 괜히 비행 중에 울까 봐 걱정이 되어 마실 물, 음료수, 뽀로로까지 준비 완료했는데 하유에게는 다 필요 없었습니다. 1시간 정도 아빠의 품에 안겨 아시아나 잡지를 보며 울지도 않고, 잘 도착했습니다. 하유는 비행 체질이었나 봅니다.

호텔에 도착하자마자 아내랑 저는 침대에 누워 서로 말했습니다.
"힘들다. 아무것도 하지 말자. 찌찌뽕!"
그러다 정말 궁금한 게 생겼습니다. 아이와 함께 여행을 다니는 엄마 아빠들의 체력에 대해서요.

2016년 3월 22일

여행을 통해 평소에 몰랐던 하유의 새로운 모습을 많이 알게 되었습니다. 하유는 생각보다 더 겁이 없고 막무가내이며 수영을 좋아하고, 꽃을 좋아하고, 새를 좋아하는 아이였습니다.

저녁쯤 아내 몰래 캠핑을 준비했습니다. 아내가 캠핑을 별로 좋아하지 않는 것 같아 신라호텔에서 캠핑의 참맛을 보여주고 싶었습니다.

텐트에서 그릴로 직접 구운 꽃등심, 오겹살에 해산물을 배불리 먹고 텐트에 다 같이 누워 캠핑의 좋은 점을 이야기했습니다. 아내도 반응이 나쁘지 않았습니다. 하유가 조금만 더 크면 자주 다니자며 훈훈하게 급마무리 될 뻔 했는데 많이 먹었는지 그만 방귀가 나왔습니다. 그런데 하유도 거기에 맞춰 응가를 쌌습니다.

아내가 말했습니다. "이게 나한테 보여주려고 했던 캠핑의 참맛이야?"

에필로그

사실 출판사에서 이유식 책에 대한 출간 제의를 받고 많이 망설였습니다. 아이주도 이유식(BLW)을 하다보면 매일 목욕시키고 치우는 게 너무 힘들어 몸과 마음이 지쳐가고 있었던 시기라 '과연 원고를 쓸 수 있을까?'라는 고민이 들었기 때문입니다. 새벽잠을 줄여가며 원고를 쓸 때 옆에서 힘이 되어준 아내가 없었다면 아마 책은 완성되지 못했을 겁니다. 그래서 항상 옆에서 응원해준 아내에게 제일 먼저 고맙다는 말을 하고 싶습니다.

그리고 우리 딸 하유, 너를 돌본다는 게 매일매일 얼마나 힘들고 어려운지 너는 모르겠지? 하지만 아빠는 너의 미소와 작은 행동 하나 하나에 힘들었던 시간들을 다 잊을 만큼 행복하단다. 하루하루가 다르게 성장하는 모습을 지켜보고 있자면 시간이 멈췄으면 하는 마음이 굉장히 큰 요즘, 한편으로는 나중에 우리 하유가 엄마가 되어 아빠가 쓴 책을 보며 이유식을 만들어주는 날이 올거라 생각하니 가슴이 벅차오르는 것 같아. 그때 꼭 도움이 되었으면 좋겠어. 우리 딸 건강하고 항상 행복하자.

더불어 이 책을 집필하기 까지 도와주신 모든 분들에게 감사한 마음을 전합니다.

박현규

Bye~

하유 아빠의 아이주도 이유식

1판 1쇄 발행 2016년 6월 27일
1판 4쇄 발행 2017년 5월 8일

지은이 박현규

발행인 양원석
본부장 김순미
편집장 최두은
책임편집 차선화
디자인 RHK디자인연구소 조윤주, 김미선
교정·교열 홍주연
요리 스타일링 키친소노마 한지혜
사진 페아스튜디오 박지홍
해외저작권 황지현
제작 문태일
영업마케팅 최창규, 김용환, 이영인, 정주호, 박민범, 이선미, 이규진, 김보영, 임도진

펴낸 곳 ㈜알에이치코리아
주소 서울시 금천구 가산디지털2로 53, 20층(가산동, 한라시그마밸리)
편집문의 02-6443-8861 **구입문의** 02-6443-8838
홈페이지 http://rhk.co.kr
등록 2004년 1월 15일 제2-3726호

ISBN 978-89-255-5944-5 (13590)